帝王传记

朱元璋传

草根皇帝

张煜瑞 著

洞悉人心
借势谋局

哈尔滨出版社
HARBIN PUBLISHING HOUSE

图书在版编目 (CIP) 数据

草根皇帝：朱元璋传/张煜瑞著. -- 哈尔滨：哈尔滨出版社, 2024.11. -- ISBN 978-7-5484-8144-7

Ⅰ.K827=48

中国国家版本馆 CIP 数据核字第 20240P814B 号

书　　名：草根皇帝：朱元璋传
CAOGEN HUANGDI：ZHUYUAN ZHANG ZHUAN

作　　者：张煜瑞　著
责任编辑：孙　迪
封面设计：于　芳
内文排版：博越创想

出版发行：哈尔滨出版社（Harbin Publishing House）
社　　址：哈尔滨市香坊区泰山路 82-9 号　　邮编：150090
经　　销：全国新华书店
印　　刷：三河市刚利印务有限公司
网　　址：www.hrbcbs.com
E-mail：hrbcbs@yeah.net
编辑版权热线：（0451）87900271　87900272
销售热线：（0451）87900202　87900203

开　　本：710mm×1000mm　1/16　　印张：14.5　　字数：168 千字
版　　次：2024 年 11 月第 1 版
印　　次：2024 年 11 月第 1 次印刷
书　　号：ISBN 978-7-5484-8144-7
定　　价：45.00 元

凡购本社图书发现印装错误，请与本社印制部联系调换。
服务热线：（0451）87900279

前言 PREFACE

朱元璋是中国历史上出身最微贱的皇帝，也是一个最富有传奇色彩的人物。他是一个从历史的夹缝中钻出来的英雄。

朱元璋，本名重八，又名兴宗，字国瑞，濠州钟离人。他出身贫寒，17岁时，因父、母、兄皆死于瘟疫而孤，不得已入皇觉寺为僧。不久以行童游食于淮西一带。

1351年，元末红巾军农民起义爆发。次年朱元璋投郭子兴麾下，郭子兴见朱元璋状貌奇伟，异于常人，遂留置为亲信兵，屡次率兵出征，有攻必克。郭子兴大喜，署为镇抚，复将养女马氏嫁与朱元璋为妻，朱元璋称帝之后，马氏为皇后。1355年3月，郭子兴病逝，其子郭天叙代领其众。当时红巾军领袖小明王韩林儿出诏封郭天叙为都元帅，张天祐为右副元帅，朱元璋为左副元帅。朱元璋慨然曰："大丈夫宁能受制于人耶！"遂不受。但念林儿势盛力强，可利用以成帝业，乃用其年号以令军中。9月，郭天叙、张天祐二人皆战死，于是郭子兴部将尽归朱元璋。次年，朱元璋攻占集庆，改名应天。此后，朱元璋以应天为根据地，接受徽州老儒朱升"高筑墙、广积粮、缓称王"的建议，在应天屯田，兴修水利，恢复农业生产，势力不断壮大。

1363年，朱元璋与陈友谅决战于鄱阳湖，陈友谅败死。第二年正月，朱元璋自立称为吴王，建百司官属。1368年正月初四，朱元璋即皇帝位，国号"明"，建元"洪武"，是谓明太祖。7月，徐达率领的北伐军逼近大都，元顺帝携后妃、太子仓皇出逃上都，统治中国一百多年的元代灭亡。明朝建立之后，朱元璋又经过20年的征战，统一了全国。

朱元璋削平群雄，统一南北之后，制定了一系列的政策和制度，使专制主义中央集权进一步强化和发展。在中央废中书省和丞相，政归六部，六部尚书直接听命于皇帝。改御史台为都察院，与大理寺、刑部合称三法司。在地方废行中书省，设立承宣布政使司，又设提刑按察使司、都指挥使司，合称都、布、按三司，各自直属中央。又创立了卫所制。为削弱将领的军权，于洪武十三年设五军都督府。这些措施使得封建皇权得到了空前的加强。为强化皇权，朱元璋借胡惟庸案、蓝玉案大肆诛戮功臣；为保证封建统治秩序的稳定，他制定了《大明律》和《大诰》，还特别设立锦衣卫特务机构。在朱元璋时代，中国封建大一统制度的弊端开始逐渐显露。

同北方少数民族的关系方面，明朝时的中国也再难恢复唐朝时让四海臣服的盛况。明朝政府内部斗争非常激烈，这使得他们没有足够的精力去征服周边的少数民族，甚至没有足够的力量抵抗少数民族的进攻。明朝统治者非常重视修长城，本身就说明明朝对北方少数民族的策略是以防守为主。

1398年闰五月，朱元璋病逝，葬于南京钟山孝陵。立庙号太祖，谥高皇帝。

在中国的历代帝王中，朱元璋是最善用权的。试想一下，从一无所有、地位卑下的乞丐，一跃成为位达至尊、坐拥天下的真龙天子，其谋权之略、运权之思、固权之术、制权之智，都堪称前无古人。

作为一个开国皇帝，朱元璋是卓有建树的。如果用一句话来概括他的治国方略，就是"以猛治国"。作为开国皇帝，他紧紧地把握一切所能把握的权力，用一系列行之有效的措施奠定了明朝两百余年的统治基础。朱元璋将中央集权君主专制发展到了空前程度，由此对社会经济产生了阻碍作用，也使中国开始走向了没落。

目录

第一章 乞丐天子 001
- 第一节 贫苦出身 002
- 第二节 游方和尚 007
- 第三节 走投无路 012

第二章 从雄后昌 019
- 第一节 九夫长 020
- 第二节 福人福相 024
- 第三节 招降纳叛 028
- 第四节 濠州事变 037
- 第五节 根据地 042
- 第六节 大局为重 053
- 第七节 大元帅 061

第三章 缓称王 073
- 第一节 人心悦服 074
- 第二节 韬光养晦 080
- 第三节 体恤民力 084
- 第四节 军纪严明 091

第四章 南征北伐 097
- 第一节 集庆府 098
- 第二节 十八策 102
- 第三节 猛烈吴王 109
- 第四节 平定江南 136
- 第五节 北伐中原 155

第五章 开国皇帝 169

第一节 石龟爬行 170

第二节 洪武元年 179

第三节 乱用武、治用文 184

第四节 废除丞相 192

第五节 内阁顾问 195

第六节 重典肃贪 200

第六章 兔死狗烹 211

第一节 设置特务机构 212

第二节 杀、杀、杀 217

第一章

乞丐天子

第一节 贫苦出身

1328年,这一年在中国的悠悠历史长河中也许并不引人注目,可在元朝的大事年表中这却是一个不同寻常的年份。这年七月,蒙古帝国第十位大汗也孙铁木儿在大都(今北京)去世。宫廷内部旋即爆发了帝位之争。

一方面也孙铁木儿生前所立的皇太子是阿速吉八,只有9岁,丞相倒剌沙等人在上都立阿速吉八为帝。另一方面,上都开平的签书枢密院事燕铁木儿依靠武力拥立已故的武宗的次子图帖睦尔在大都即位,形成了大都与上都对峙的局面。经过一番激战,燕铁木儿获胜,攻入上都,阿速吉八不知所终。图帖睦尔登上了皇位,就是历史上的元文宗。

与此同时,安徽省濠州钟离县一座破旧的二郎庙里,诞生了一位改朝换代的人物,他就是朱元璋,历史上赫赫有名的明太祖。

天历元年(1328年)九月十八日,正值秋高气爽的收割季节。中午时分,钟离县东乡贫苦农户朱五四的妻子陈氏,挺着一个大肚子,在破旧的茅屋中收拾碗筷。丈夫和孩子们都已下地干活去了,家里只剩她一个人。做完家务,她想去地里帮助丈夫播种小麦。不料走到半道,腹中便一阵阵剧痛,她意识到自己快要临盆了,忙咬紧牙关,忍着痛转身往家里赶。没走多远,陈氏就支撑不住了,她只好挪动着身子,进了附近的土地庙。不久,庙里就传出了男婴的啼哭声,一个小生命降临到了人世。

该给孩子起名了。那时候，穷人家的孩子经常按同辈份的兄弟排行取名。当时朱五四的哥哥朱五一已有四个儿子，分别叫重一、重二、重三、重五。朱五四也已有三个儿子，分别叫重四、重六和重七，于是，朱五四为这个刚出生的孩子取名叫重八。后改名兴宗，又名朱元璋，字国瑞。

朱五四的祖籍原在沛县。不知从哪一代起，朱五四的祖先从沛县迁到了句容县。朱五四出生的时候，南宋已经被元朝灭亡。朱五四一家也变成了元朝的顺民。元朝把居民都编成固定的户籍，有民户、军户、匠户、灶户、站户、盐户、矿户、儒户等好几十种。不同的户籍要向朝廷缴纳不同的赋役。朱五四一家被编为矿户中的淘金户，每年向官府缴纳定量的黄金。可哪里有那么多黄金可淘，朱五四家无奈，只好种粮，再用卖粮的钱，到远处的集市上换成黄金缴纳上贡。没过几年，朱家的生活就维持不下去了。朱五四8岁那年，父亲朱初一就带上一家人，北渡长江，逃亡到了淮河岸边的盱眙。

那时，盱眙有大片荒废的土地。于是，朱家在那里开荒种地，定居下来。由于辛勤劳动，日子过得渐渐有了些起色。朱五四和哥哥都娶上了媳妇。

然而好景不长，朱初一得了一场急病死去，刚刚有了起色的家庭马上就垮了下来。朱五四弟兄不得不携家带口，再次流浪。朱五四先逃到灵璧，又迁至虹县，最后移居到钟离的东乡。朱元璋有两个姐姐三个哥哥。大姐在朱元璋出生时已经出嫁，婚后不久便染病死去。二姐后来嫁给了钟离县东乡的渔民。大哥成了家，二哥、三哥因为家里穷，只好给人家做上门女婿。

朱五四为人忠厚勤劳，主张"守分植材"，自食其力，以勤劳的双手脱贫自救。他常对朱元璋说:"凡人守分植材,如置田地,稼穑收获,岁有常利,用之无穷。若悖理得财,如贪官污吏,获利虽博,有丧身亡家之忧。"这是朱五四一生恪守的信条,勤勤恳恳,埋头实干,起早贪黑,省吃俭用,就希望能有一个幸福的家庭。

元代的公私地租和高利贷十分苛重,元末官府强加在百姓头上的各项徭役赋税,比之元初猛增了十倍二十倍之多,加之贪官污吏肆虐,鱼肉百姓,人民生活在水深火热之中。朱家也逃脱不了受困挨饿的日子。不仅如此,家境还越来越坏,"农业艰辛,朝夕彷徨"。

朱元璋在家里是最小的,深受父母的宠爱。虽然日子并不宽裕,但父母还是把他送到私塾里念书。由于生活所迫交不起学费,朱元璋不得不中途辍学。尽管如此,母亲还是对他寄予了很大的希望。她对丈夫说:"人们常说三十年河东,三十年河西,我觉得咱们家肯定会出一个有出息的人,我看其他几个儿子都不善治产业,只有重八还像点儿样。"

母亲对朱元璋的影响是很大的。陈氏一生勤勤恳恳、吃苦耐劳,这些中国传统妇女优秀的品质在朱元璋身上留下了明显的痕迹。母亲爱给朱元璋讲故事,讲的最多的是外祖父抗元的故事。

朱元璋的外祖父曾经在宋朝大将张世杰手下当亲兵。蒙古兵攻打宋朝,攻占了宋朝都城临安,宋恭帝投降。可宋朝的许多文武大臣并没有屈服,张世杰和陆秀夫等人在福州拥立赵昰为皇帝,继续抵抗。文天祥在危难中出任丞相,招兵买马,转战于江西、广东一带。蒙古兵步步进逼,文天祥兵败被俘,被押往大都北兵马司的大牢中。元朝皇帝忽必烈亲自劝降,但没有成功,最后不屈而死。张世杰忠心耿耿,护送赵昰到东南沿海一带。

后来,赵昰病死。张世杰、陆秀夫又立赵昰的弟弟赵昺为帝,退守广东新会以南临海的崖山。1279年早春，蒙古兵和宋朝的降军追到海上，张世杰集结了1000多条大船，在宽阔的海面上一字形排开，用绳索把船只连结起来，组成最后一道防线。由于没有给养，宋军只能啃干粮、喝海水，不久不少人就呕吐病倒了。

蒙古兵在一天夜里趁机进攻，冲破了宋军的防线。陆秀夫见大势已去，便命令妻子儿女跳下海去，然后自己背着小皇帝也投海自尽了。张世杰趁着天黑，带了十几条船，冲出重围，打算再立赵家子孙，恢复大宋江山。谁知在平章山海面遭到台风袭击，船被吹翻，张世杰落海淹死了。朱元璋的外祖父也在张世杰的军中，他落水后，侥幸被人救起，辗转返回家乡。在这场决战中，宋军官兵有的战死，有的投海殉难，没有一人投降。

母亲动情的讲述，朱元璋听后深受感动。这令人痛心的故事，在朱元璋幼小的心灵上打下了深深的烙印，朱元璋从心底里敬佩外祖父，觉得英雄就应该是外祖父那样的人。

朱元璋10岁那年，全家搬到西乡，租人田地。没过几年，地主就收回了土地，朱五四又迁到太平乡的孤庄村，给地主刘德当佃户，朱元璋为地主家放牛。当时给刘德放牛的还有周德兴、汤和、徐达等小伙伴。

明嘉靖年间的王文禄曾著文叙录了朱元璋当牧童时所留下的一些故事。其中有一个故事说，朱元璋在放牛时，经常爱与一同放牧的孩子一起做游戏，别看朱元璋光着脚，穿一身破烂不堪的短衣裤，却偏偏抢着要扮皇帝。他把棕榈叶子撕成细丝，扎在嘴上做胡须，从车轮上弄下一块长方形大板子横顶在头上作为"平天"冠，再叫一大群牧儿每人自己各用双手捧着一块小方形木板当作"笏"，最后让大家都手捧笏板排成一行，整整齐齐地三跪九叩头向他跪拜，他往土堆上一坐，小伙伴们同声高呼万岁。远远望去，还真有些大臣朝见皇帝的气势。

其实，这种儿童游戏十分平常，但由于发生在后来当了皇帝的朱元璋身上，才格外被人们所珍视。故事本身强而有力地证实朱元璋虽是出生在一个贫穷的雇农家庭，从小在苦水中泡大，但他却有着同众多领袖一样的权力欲望与凝聚力。

地主刘德经常对放牛的孩子打打骂骂。朱元璋一直想教训他，可是人小力薄，不能与之对抗。

有一次，朱元璋和几个放牛娃在山野放牛。顷刻间雷声隆隆，下起了暴雨。朱元璋同小伙伴们躲在山崖下。大家觉得肚子饿了，便七嘴八舌地说要是有吃的东西该多好。大家越说越饿，越饿越馋。朱元璋忽然喊了声"有了"，大家还没明白是怎么回事，他已牵了一头小牛犊过来，笑着说："这不是现成的肉吗？不吃白不吃。"说着用绳子捆住牛犊的前后腿。大家明白了他的意思。周德兴上来举起砍柴的斧子，当头一斧，汤和、徐达几个胆大的赶紧帮忙剥皮割肉。别的小伙伴忙拣些枯树枝，架起柴火。大家围坐在火堆旁，一边烤着，一边美滋滋地吃着。

但是，少了一头牛，怎么交差呢？大家都为此而发愁，接着又互相埋怨，胆小的甚至哭了起来。朱元璋却很镇定，说："不用怕，出了事，我担着。"

朱元璋给大家出了一个主意，让大家众口一词，统一口径，就说刚才刮大风下暴雨，山里裂开了一条大缝，小牛犊掉进了裂缝里，拉不出来了。大家在朱元璋的指挥下，掩埋好牛骨、牛皮，用土把地上的血迹涂抹干净，将小牛尾巴插在石头缝里，把现场收拾干净才回去。

朱元璋回到村里，地主见少了一头小花牛，就责问是怎么回事。朱元璋说："那牛不知怎么搞的，钻进山缝里出不来了。"朱元璋领着地主，找到那块大山石，地主借着灯火一看，果然有条小牛尾巴露在石缝外面，他用手去拽牛尾巴，牛尾巴被拽了出来，可牛却不见了。朱元璋对地主说："不骗你吧，你亲眼看见了。"地主垂头丧气地骂道："真是乱坟风冒烟……"说完，就气呼呼地走了。事情就这样过去了。从那以后，朱元璋在小伙伴们心目中就更有威信了。

"人看其小，马看蹄爪"，年幼的朱元璋用聪明和机智赢得了伙伴们的尊重和信服，表现出了与众不同的强大的凝聚力。

第二节　游方和尚

至正四年（1344年），朱元璋十七岁，江淮以北碰上了天灾人祸，"四方旱蝗，民饥疾疠大起"。

自从元顺帝妥懽帖睦尔即位以来，社会上一片混乱，连年战争使无数百姓流离失所。战争、烧杀、抢劫、暴动的同时，伴随着破产、流亡、饥饿、死亡，悲惨景象随处可见。正当人民横罹惨祸，整个社会被折腾得元气大伤的时候，各种自然灾害又不期而至。

首先袭来的就是旱灾。至正四年入春以后，江淮以北接连几个月干旱无雨，坑塘河沟全都干涸了，田地里的庄稼像被火烤过一样蔫在地里，禾苗枯萎，江河断流。面对这前所未有的旱灾，人们把所有的希望都寄托于老天爷，天天祈神求雨。

然而，掌管降雨的海龙王没有盼来，却来了铺天盖地的蝗虫。这突如其来的灾祸使农民们残存的最后一点希望也破灭了。蝗虫啃噬过后，庄稼连影儿也难得见着，农民们面对着龟裂的田地，欲哭无泪。

如果说蝗虫的侵扰对于人民来说是雪上加霜的话，那么接下来的瘟疫对于民众来说无疑是火上浇油。天灾人祸，紧密相连。穷苦人忍饥受寒，拖着疲惫的身子在田间耕作，奔波劳累，加上忙抗旱，灭蝗虫，片刻不得休息。饿急了的时候，饥不择食，树皮、草根、人肉、死尸等只要是能填饱肚子的东西，统统全吃。因此，饥困菌毒，内外夹攻，疾病流行，瘟疫蔓延，于是，有了"户户有新丧，家家起新坟"的悲惨景象。

朱元璋一家在这场瘟疫中也没能躲过去。至正四年四月初，瘟神降临到了朱五四的家里。朱家的生计本来就难以维持，经过后几年的自然灾害，农田几乎是颗粒无收，而租税却有增无减。朱家落到了家徒四壁、一贫如洗的谷底，日子一天不如一天。后来朱元璋还很动情地回忆说："因念微时，皇考皇妣凶年艰食，取草之可茹者杂米以炊。艰难困苦，何敢忘之！"像这般吃草咽菜的家庭，遭遇瘟疫，哪里还有钱请郎中、抓药？朱五四最先死去。没过几天，大儿子朱重四也跟着走了。几天之后，陈氏又抱病身亡。半个月的时光，"连遭三丧"。

养生送死是家庭中的大事。送死的最根本的一条就是使死者的遗体能有个安置的地方。可朱家却上无片瓦、下无插针之地，只有向人讨要了。朱元璋兄弟去求老东家刘德，盼望刘德多少能施舍一点儿。谁知刘德把他们臭骂了一顿后，驱逐出门。

朱元璋一家一筹莫展，哭成一团。幸亏刘德的兄嫂刘继祖夫妇赠送了他们一块坟地。葬地的难题解决了，棺材用的是草席，入殓穿的衣裤则是死者生前用过的旧装，祭奠没有"散浆"，便以家里度荒用的极其粗恶的草蔬粝饭充用。

三桩丧事办理完毕，悲剧并未到此结束。一方面，当地可怕的天灾仍在急剧加重，大旱无雨，人人缺食，草木为粮。另一方面，朱五四这一家原来虽然人多，但主要支撑门户的是老汉和大儿子重四二人。二儿子重六"人小体弱"，最小的儿子朱元璋尚未完全长大成人。两个主要劳力已经没有了，留下的全是孤儿，刘家的地已无法继续耕种。一家人反复合计，与其死守一地，还不如适当分散开来，各找活路。老大重四的寡妻带着儿女去了娘家，老二重六夫妇二人也离开太平乡，外出逃荒去了，只剩下朱元璋一人孤苦伶仃，暂留家中。

一场倾家荡产、家破人亡的大劫以后，剩下的几口人又各奔东西，上演了一幕生离死别、骨肉分别、背井离乡的惨剧。死者已矣，生者长痛长悲，哭破产，哭亡魂，哭别离，一片呼天恸地的凄切之情，令人耳不忍闻，目不忍睹。若干年后，朱元璋亲制《皇陵碑》，用血和泪的动人文字追述了这段悲惨的家史，荡气回肠。

朱元璋在哥哥走后，独自一人准备再坚持一些日子，希望能找到些活路糊口，渡过难关，但却没有丝毫生计，难道只能坐着等死吗？

好心的邻居汪大娘听到了朱元璋兄弟临别时的哭诉，告诉朱元璋：朱五四曾经许愿，让朱元璋到皇觉寺去当和尚。原因是朱元璋生下来不久就得了噎病，吃不下去奶，差点夭折。朱五四请了许多当地的乡间郎中来看，总是没有起色，于是就到皇觉寺求告菩萨，许下了让儿子去做和尚之愿。朱五四回到家里，又累又困之下就睡了过去。在梦里他梦到了一个和尚，告诉说朱元璋没事，只要到了时辰，自然会吃奶的，后来，朱元璋能正常吃奶了。这件事虽然告一段落，但是由于婴儿时期营养跟不上，加上身体虚弱，朱元璋还是经常有病，朱五四又想起了那个梦，就向陈氏讲了一遍，想让朱元璋出家还愿。汪大娘看朱元璋年龄尚小，若要单独去逃荒的话，难免路上遇到危险，于是就把朱五四以前的话说给朱元璋听。

对于孤苦无援的朱元璋来说，在濒于饿死的情况下，到皇觉寺去避饥馑之灾，不失为一条出路。于是汪大娘备齐了礼品，把朱元璋带到了山上的皇觉寺中，求法师高彬收朱元璋为徒。高彬见朱元璋身板结实，头脑灵活，觉得身边需要这么一个机灵的小和尚伺候，而且寺庙里的杂活也得有勤快的人来干，所以，就收下了朱元璋，充当行童。

行童其实就是一个小杂工，事情非常多，也非常繁重，比如每天得打扫卫生、上香、掌管乐器，还要给长老们端茶送水、做饭洗衣。如果其他的和尚有要求，朱元璋也得听从使唤。朱元璋开始倒觉得没有什么，因为这与在地主刘德家里所干的活没什么两样，虽然有点累，但是不用担心一日三餐了。

朱元璋的任务非常多，做饭、递水、砍柴、洗衣等一系列杂活，一天干下来已经精疲力竭。这还不算什么，关键是每每干完这些活，等到他该吃饭的时候，却发现别的和尚早已吃过，留给他的只是一些剩饭。而且由于行童的身份，在做活的时候，朱元璋经常要看长老们的脸色，其他的和尚对朱元璋也没有好脸色，经常是呼来喝去。面对这一切，朱元璋的心中很不平静，他万万没想到佛门净地竟如此等级森严，整天宣讲"众生平等"的长老和师兄们为什么偏偏对自己这样不平等？

由于心中有气，这个时候，潜藏在朱元璋内心深处的不平之愤难免会闪现出来。

每天打扫佛殿是行童的分内之责。有一天，高彬长老突然大发脾气，因为他看到佛殿里的香烛被老鼠咬坏了，就追查是谁的责任，后来追查到了朱元璋的头上，高彬长老就指着朱元璋痛骂了一顿。朱元璋有气发作不得，只好忍受着长老的指责，等到长老一走，朱元璋就用扫帚把菩萨打了一通，并指责菩萨，说是菩萨掌管大殿，整天光吃供奉不干活，还纵容老鼠为害，实在该打。

　　还有一回，朱元璋在打扫佛殿的时候，被伽蓝菩萨的腿绊了一跤。想到自己辛辛苦苦，起得比鸡还早，干得比驴还多，而吃的比猪还差，全都是剩菜剩饭，而泥胎菩萨却有收受不尽的供奉，越想气就越不打一处来，再加之以前曾因老鼠咬香烛的事情被长老责骂了一通，愤怒不已的朱元璋不顾师兄弟们惊诧的目光，在伽蓝菩萨的背后写了"发配三千里"的字样，使得其他的和尚目瞪口呆。

　　朱元璋的举动看似率性而为，实质却是颇有深意的，绝不仅仅是在耍孩子脾气，而是受某种能够意识到的思想所支配的，这就是反抗。

　　至正四年（1344年）十一月初，朱元璋还不会念经做佛事，只学会了做杂活，便自恃能帮人干活，背起包袱去游方化缘了。

　　朱元璋在皇觉寺做小行童的日子并不长。由于旱情并没有结束，平时主要靠收地租和接受布施过活的寺院，也已入不敷出。因为要支撑20来个新旧弟子吃用，寺中所存的钱粮已所剩无几。高彬长老无奈之下对徒弟们说寺内要罢粥，要徒儿们有家归家，无家可回者就去游方化缘。于是，朱元璋便开始四处云游。"云游"是佛门术语，也叫"化缘"，意思是乞求布施，用老百姓的话说，就是讨饭。

　　朱元璋边打听边走，去受灾较轻的地方化缘，经过安徽合肥、河南固始、光山、汝州、淮阳和鹿邑等地。朱元璋背着小包袱，"笃笃"地敲着木鱼，口中念念有词，沿途向大户人家乞讨，受尽了豪门的白眼、冷嘲和热讽。一路上，朱元璋跋山涉水、风餐露宿，化不到缘就要忍饥挨饿，饱尝了人间的艰辛。然而，苦难的经历，进一步锤炼了朱元璋的毅力。同时，也让朱元璋体验了与老百姓之间的患难真情。

一日云游时，朱元璋在途中遇见两名道士，这两名道士也是四处飘荡之人，朱元璋便和他们结伴而行。晚上，在金边的土地庙里落脚。半夜，朱元璋突然浑身无力，说起了胡话。两名道士懂点医术，赶快弄了些柴草点起火，用庙里的铜香炉烧了火，并脱下外衣给朱元璋盖上。第二天，他俩又讨来了姜汤，取了冠白芦根，给朱元璋服下。在他们的精心照料下，朱元璋才逃脱了一场厄运。

第三节　走投无路

朱元璋在乞讨的过程中成长起来，熟悉了中原地区的人情世故、民风民俗，以及百姓的生活方式和生存状态。而对他冲击和影响最大的，莫过于当时已遍布各地的白莲教活动。

在朱元璋云游化缘的这段时间，北方的白莲教教主韩山童和南方的白莲教教首彭莹玉正在淮西秘密地进行传教活动，在这个幌子下隐藏的真正用意是反抗元朝的统治。韩山童自从祖父一辈就是佛教的旁支——白莲教的传教者，非常有名。元朝曾经在北方取缔白莲教，韩山童的祖父也被官府捕获并流放，但矢志不改。

韩山童继承了祖父的事业，继续利用白莲教进行秘密反元宣传，并取得了老百姓的信任。韩山童利用"天下当大乱，弥勒佛下世，明王出生"为宣传口号，暗示元朝的统治已经不能再继续下去了，天下不久就会陷入战乱，取代元朝政权的明王也会很快下凡，而且这还是弥勒佛转生而来的。这样就有了很强的感召力，百姓纷纷加入白莲教，来寻求精神上的安慰。

彭莹玉则是南方的白莲教首领。据说彭莹玉的出生颇有奇象异兆，一出生就有红光映红了半边天空。他10岁的时候出家为僧，长期活动建立了群众基础。利用这种群众基础和组织方法，彭莹玉积极开展有效的政治斗争，举行武装起义，起义的人后背上都写有一个"佛"字，取意为佛祖保佑，刀枪不入。遭元朝镇压之后，彭莹玉在白莲教信众的掩护下逃到了淮西，继续进行耐心的传教活动和反元宣传。

白莲教创教于南宋高宗绍兴初年，创始人是昆山佛僧茅子元。此教原本为元朝政府承认。元朝的蒙古人信奉藏传佛教，由于两派同宗，入主中原以后，对于白莲教的发展采取支持的态度，使得白莲教急速发展，势力迅速膨胀。但也正是由于元朝政府的插手，白莲教发生了两极分化，上层的教首与官府勾结，走到了人民的对立面，而下层的贫民出于对元朝统治者的不满，却借助于参加白莲教的机会，经常聚集在一起商讨灭元大计。由于参加这种聚会的人越来越多，引起了元朝统治者的警惕，官府于是下令禁止白莲教的传教活动，让那些信奉白莲教的信徒回乡务农。虽然历经取缔，但屡有反复，民众借用白莲教进行反元活动的宗旨一直没有改变。

朱元璋化缘时所游历的淮西一带，当时正是白莲教的南方教首彭莹玉最主要的活动区域。白莲教是佛教的一支，作为一个和尚，朱元璋有更多的接触信众和了解白莲教的机会，并且受到了不小的影响。

朱元璋清醒地认识到，在元朝的统治之下，如果期待着元朝当权者的一时良心发现而善待百姓，那是不可能的。就拿他自身的经历来说，如果不是由于元朝统治者的压榨无度，他的祖父母和父母一家两代人何至生命早亡，颠沛流离？如果不是由于不合理的土地政策，为什么朱家几代劳作，却没有一亩薄田属于自己？如果说统治者的统治公平无差，那为什么在父亲死后，竟然没有可以安葬的一块地方？

这些问题本来就困扰着朱元璋，而且朱元璋也以自己的方式对这不公平的世道发泄过不满、进行过反抗。但是朱元璋毕竟只是一个孩子，没有人指点，读书学习的时间也不长，再加上整天放牛，更没有条件接触外面的世界，知识、阅历的局限性使他的反抗仅仅局限于杀一头小牛，泄一时之愤的小打小闹。

有了长达数年的出游经历后，朱元璋的内心世界已经大大不同以前。朱元璋更加直观地看到了元朝统治者给民众带来的苦难；面对那些贫苦的农民和富足的地主，朱元璋也体会到了社会分配的不合理；同时几年的游历生涯，还使朱元璋渐渐地熟悉了淮西、豫东一带的山川河流、风土人情、地势关卡，为以后的起兵打下了良好的基础。

朱元璋从出家到游方，在常人看来，走的是一条下坡路。但恰恰是这非同寻常的经历，打开了他的视界，开启了他的智慧之门。在接触白莲教，了解了各地民生疾苦后，他敏感地捕捉到了当时的历史大势——造反。

朱元璋游方化缘游历了淮西、豫东一带的大部分地区，接触到了下层的农民，经历了种种的磨难，也学到了许多平常没有机会接触到的新思想。

几年的光景过去了，长期在外，终日漂泊，到哪里才算是最后一站呢？朱元璋越想越不是滋味，思乡之情，油然而起。看看现在故乡的灾情已经基本缓解，干脆回家算了。

朱元璋再次回到家乡，已经21岁了。回到皇觉寺一看，才发现皇觉寺已是今不如昔，庙宇破败不堪，香火冷冷清清，高彬长老早已谢世，那些有家的师兄也已树倒猢狲散。只剩下几个与朱元璋一样没有地方可去的和尚，日子过得紧巴巴的在寺中打发着岁月。故人相见，分外亲切，朱元璋和他们共叙了兄弟之情，再度开始了皇觉寺的生活，这一待又是三年。

至正十一年（1351年），元朝的统治已经出现明显的败势。这不仅是由于统治者与汉族之间的民族矛盾的结果，同时也夹杂着统治者内部的矛盾。

蒙古族统治者内部各个派系之间争权夺利，统治者对于王位的争夺尤为激烈，所以，元朝中央集权内部的武装政变不时发生。据史料显示，元朝曾经创下了在四十年间换了9位皇帝的纪录，在最为混乱的致和元年（1328年）到元统元年（1333年）这六年期间，几乎每年都有一次新皇换旧皇的政变。这种政变，就是政局不稳的显著标志。

由于政治昏庸残暴，贪官污吏巧取豪夺，农民劳动的果实根本不够这些人搜刮，农民纷纷起来反抗。正所谓人多力量大，农民拿起刀枪棍棒与元朝政府开始公开作对。最先起来反抗的是江浙一带的农民，由于这一地区常年遇到水旱灾疫，当时的居民已死亡过半，田地荒芜，寸草不生。面对这样悲惨的社会景象，元朝统治者竟然不闻不问，置之不理，任凭这些百姓自生自灭。百姓不堪忍受，不得不放下手中的锄头，揭竿而起。接着河南、四川、广东等地也相继爆发了农民起义。

为了镇压人民的反抗，元朝政府加重了刑罚，在这一时期颁布的诏书中就有"强盗皆死"的命令。同时，元朝统治者还加强了各地的军事机构，企图以高压手段来镇压农民起义。

正所谓民不畏死，奈何以死惧之。这些举动更加触怒了百姓，于是有人打出了这样的旗号：天高皇帝远，民少相公多；一日三遍打，不反待如何！

至正十一年（1351年），白莲教首领韩山童看到时机已经成熟，于是便会同刘福通等一同起义，他们头上裹着红巾，打着红旗，在白鹿庄进行了祭天祷告。但是由于事有不巧，被官府事先得到了消息，遭到镇压，韩山童被元军擒获后当场杀害。此后，刘福通接替了韩山童，迎韩山童之子韩林儿为帝，举兵于河南汝颍，正式拉起了队伍，随后又在固始、光山、罗山、息县、确山等地打败了元朝派来增援的军队。拥众数十万义军，声势浩大，以红巾为标志，历史上习称北系红巾军，曾一度成为全国农民起义的中心，并建都亳州，夺取开封，建国号宋，年号龙凤。各地的起义队伍风起云涌，南方的彭莹玉，湖北的邹普胜，邳州人芝麻李，邓州王权、张椿也打出了反元的旗号，于是大半个中国都陷入了轰轰烈烈的反元起义的斗争当中。

这时候，元王朝已无力控制局势，形成了群雄并立的局面。其中，最重要的反元武装有以下几支：

一、刘福通、韩林儿部，也就是红巾军的主要势力。至正十五年（1355年）二月，刘福通拥立韩山童的儿子韩林儿为皇帝，号小明王，建都亳州，国号宋，改元龙凤。刘福通任太保、丞相，统领全军向四面发展。

二、芝麻李、赵均用、郭子兴等人领导的起义军。至正十一年（1351年）八月，芝麻李、赵均用等聚众起义，占领徐州。郭子兴是安徽定远县的豪强，他的父亲也是贫苦出身，由于几次时机把握得准确，不但使自己跻身于地主豪强之列，同时也使他的三个儿子有了一份不错的产业。郭子兴排行第二，由于他很早就认识到元朝的统治注定不会长久，就暗中加入了白莲教，准备等时机一旦成熟，就举兵起事。郭子兴与孙德崖等集众数千人袭据濠州，自称元帅。不久，徐州起义头领彭大、赵均用被元将脱脱打败后，亦退至濠州，郭、孙等共同拥戴彭、赵为领袖，彭称鲁淮王，赵称永义王。后来二人自相火并，彭大死，赵均用独掌兵柄。这时郭子兴部将朱元璋已攻下滁州，郭子兴移驻滁州。

三、徐寿辉、陈友谅、明玉珍部。至正十一年（1351年）八月，徐寿辉举兵起义，十月，据蕲水为都，自称皇帝，国号天完，改元治平。至正二十年（1360年），陈友谅杀徐寿辉，自称皇帝，国号大汉，改元大义。徐寿辉的另一部将明玉珍，此时已将今重庆、成都等占领，听说徐寿辉被弑，遂自立为陇蜀王，准备派兵讨伐陈友谅。后于至正二十一年（1361年）即位于今重庆，不易国号，不改元。至正二十二年（1362年），明玉珍受皇帝玺，国号大夏，改元天统。

四、张士诚部。至正十三年（1353年），泰州人张士诚据高邮起义，数败元兵，自称诚王，国号大周，年号天佑。至正十五年冬至十六年春，由通州渡江，攻占平江、松江、湖州、杭州、常熟等经济繁华地区，改平江为隆平府，将国都由高邮迁至平江。

五、方国珍部。至正十年（1350年），世代以贩盐浮海为业的台州人方国珍兄弟"杀巡检入海为乱"，很快便聚众数千人，进攻沿海州郡。其中，方国珍阴持两端，叛降无常，曾一度占据庆元等地。

· 017 ·

当时已形成全国反元的基本格局。再从元王朝的统治势力看，其中央王朝的声威虽已大为下降，但地方上尚有几股相当强大的力量。其中首先有对各股反元义旅最具威胁并在镇压义军方面立下过"赫赫战功"的察罕帖木儿与扩廓帖木儿父子。其次，河南的李思齐、关内的张思道、山东的王宣王信父子等，也都各拥重兵，雄踞一方。

在这一时期，年轻的朱元璋一直在暗中观察着局势的发展。由于朱元璋早在云游化缘的时候就已经对白莲教有了一个大概的认识，他觉得白莲教的主张是站在老百姓的立场上说话的，而红巾军又是白莲教的军队，因此肯定是为老百姓出头的，所以他一直在盼望着自己的家乡能够出一支红巾军。

此时的郭子兴已经把濠州攻了下来，正在加紧准备，扩大势力。而元朝所派来的军队不敢应战，只会抓一些贫苦的老百姓充作红巾军向上司邀功领赏，开始朱元璋还穿着和尚衣服，身材高大，相貌奇特，在往来濠城时，已引起人们的注意，后来便都不敢再进城了。

朱元璋害怕被抓，经常在外面躲藏，而自己所赖以栖身的皇觉寺又被红巾军破坏，朱元璋的生计又一次陷入了困境，他再一次无家可归、无处安身。

第二章

从雄后昌

第一节　九夫长

朱元璋出身贫寒，在天灾人祸频频发生的时期，生活无依无靠，投身寺庙，继而沦落为乞丐。然而，贫寒的生活并没有磨灭他的斗志，朱元璋在苦难中成长起来，感受到了反抗的强大力量，并开始寻找自己的出路。

至正十二年（1352年）闰三月初一日，朱元璋因被人告发，在获得了伽蓝菩萨的"从雄而后昌"的吉兆卦示后，终于下定决心，投奔反元队伍。

元朝末年，民生凋残，遍地荆丛，兵荒马乱。朱元璋亲眼看到借口镇压反元起义的元兵，杀人放火，奸淫掳掠，百姓人人自危，惶惶不安，于是，开始寻找新的出路。

摆在朱元璋面前的出路只有三条：一是再次外出逃荒；二是继续留在乡里受苦受罪；三是参加反元队伍。前两者他实际早就尝试过，虽风险不大，但有希望因此摆脱困境，格外艰难，后者是崭新的路，但前途未卜。正当他左右为难的时候，恰好有一个曾经一起当过放牛娃、并参加了郭子兴反元队伍的穷朋友汤和来信，劝朱元璋与他一道投身反元义旅，信中说："今四方兵乱，人无宁居，非田野所能自保之时也，盍从我以自全。"

汤和的意思是劝说朱元璋到郭子兴的队伍中去效力，也许还有绝处逢生之机。但此时朱元璋的决心还没有下定。虽然朱元璋想极力保守这个秘密，但还是被他寺院中的一个师兄得知，准备向官府告发，顿时谣言四起。在这种四门紧闭，毫无退路的情况下，朱元璋通过求神问卦，获得了伽蓝菩萨的"从雄而后昌"的吉兆卦示后，连夜下山，往濠州城方向赶去。

朱元璋到了濠州城，守城的红巾军士兵看他衣服破旧，以为是元朝派来的间谍，便把他绑了起来，打算推到城外去处决。朱元璋大声据理力争，吵吵嚷嚷吸引了许多人观看，最后把郭子兴惊动了。郭子兴看朱元璋相貌出奇，又生就一副好身板，问明情况之后，就把朱元璋收为步卒，让他换了衣裳到队伍中当了一名红巾军战士。

这次抉择是朱元璋一生荣枯成败以至生死的一个转折点。朱元璋的投军过程带有一定的偶然性，但是这种貌似偶然的里面也带有其必然的一面。在接到朋友的信之后，他一开始并没有盲从，而是思考了很久，这说明了朱元璋的心细与勤思，这是一个智者应当具备的基本素质。

对于关系到自己一生安危的重大转折，年轻的朱元璋对自己人生中这一完全是由个人独立决定的道路小心计划。尽管他很年轻，却在走南闯北的游历中，总结出了许多处事经验，他明白，参加与朝廷作对的起义军事关重大，在悬赏捉拿的威慑下，选择机会上的任何失误都必然会带来最惨重的教训，甚至丢掉自己的性命。然而情况突然生变，在遭遇危机，面临生命之虞的情况下，他又一次地表现出了无比果敢，毅然投身于红巾军。

朱元璋初到义军，没有什么背景，人生地不熟，在起义军队伍当中没有人为他撑腰，那些将领对于朱元璋更是一无所知，也就更别提什么受人赏识、重用了。

有的人总是抱怨生不逢时，抱怨没有机会，无法展示才能，其实这是一种很急功近利的想法。你的际遇如何，并不在于你的机会如何，这只是客观因素，但却不是全部，其实一切的一切都是由你的主观因素来决定的，只有自己努力了才能有所表现，才会被别人发现进而赏识，才有可能得到重用。既然现在已经走上了绝路，也只能一条路走到黑了。身在义军的朱元璋现在已经没有任何退路可言了，怎么办？恐怕唯有拼命地创造机会表现自己，才能实现心中的梦想，像外祖父那样飞驰沙场。

朱元璋脱下袈裟，穿上了红袄，缠上了红头巾，成为郭子兴身边的一名近身步卒。这对于朱元璋来说，并非只是表面上的转变，而是由表及里，由此及彼的深层次的灵魂升华。

朱元璋在训练上表现得异常出色，不仅能够完成训练任务，而且还能时时有所发挥，充分显示了积极的进取心和事业上的主动性。这种行为是做首领的最为高兴和欣慰的，郭子兴看在眼里，记在心上，在不知不觉中已经把朱元璋引为同类，觉得他是一个可造之材。

朱元璋把队伍的建设当作自己的分内之事，把队伍当作自己的家，用自己的出色表现引起了统帅郭子兴的注意。朱元璋在日常的工作训练中积极主动，处处表现出与众不同，在士兵中鹤立鸡群。

但是，战争是残酷的，不管在训练场上表现得如何出色，都不能代表在战场上同样出色。有的人平时往往给人以假象，而真到关键时刻根本派不上用场。对于这一点，郭子兴早已心知肚明。朱元璋是一个可造之材，但这毕竟可能只是一种表面现象，也许真的到了战场上，他连人都不敢杀，那不是"天桥的把式——假把式"，瞎耽误事吗？由于对朱元璋在战场上的表现还缺乏直观认识，所以还是得"是骡子是马拉出来遛遛"。英雄？狗熊？到时一看便知。

于是在出兵打仗的时候，郭子兴就有意把朱元璋带在身边，以此来考察朱元璋在战场上的能力。这一考察，就发现朱元璋在战场上的表现也同样出色。在起兵反元初期，起义队伍中最需要的就是人才，郭子兴能够比别人更为深切地重视这一点。因而朱元璋的出现，对于惜才爱才需才的郭子兴来说，发现自己招到了一个才俊，他心中的欣慰是可想而知的。

作为郭子兴的护卫亲兵，朱元璋主要的职责就是保证主帅的安全。朱元璋以队伍为家，以长官为父，他的可贵之处在于非常尽职尽责，在郭子兴的马前，经常掩护郭子兴，并且在掩护之余还能奋勇杀敌，为郭子兴立下了不少的功劳。

关于朱元璋的勇敢战斗精神，文献上有两段可以互为补充的具体记录。

《明太祖实录》记载：

"子兴……凡有攻讨，即命以往，往辄胜，子兴由是兵益盛。"

查继佐的《罪惟录》记载：

"郭子兴骁勇善战，每出，太祖从旁翼卫，跳荡无前，斩首获生过当。"

《明史·郭子兴传》也简称朱元璋投奔后，"数从战有功"，究竟功在何处，语焉不详。综观全部记录我们可以看出：朱元璋在战斗中是十分勇敢的，战功卓著，无与伦比。

在主帅亲自领兵出战的时候，朱元璋担当起主帅的保驾翼卫的角色，纵横决荡，所向披靡，使主帅本人既有胜利的喜悦，又有踏实的安全感。当主帅在家留守，令部下自行攻讨的时候，也唯有朱元璋一人"往辄胜"，无败仗纪录；不仅斩杀敌兵是"过当"的，而且生俘人数也最多，结果使郭子兴的义军队伍迅速壮大起来。这样英勇无畏的青年，怎能不叫人喜爱呢？

不到一个月的时间，郭子兴就深刻地感觉到朱元璋不仅是一个可以引为心腹的人，而且还是一个大有可为的将才。为了更加检证自己的观点，他把朱元璋调到了元帅府当亲兵，为了显示对朱元璋的赏识，还提升朱元璋为九夫长。由于朱元璋曾经读过几天书，处事很有些见识，郭子兴遇到什么事情都经常去找他商量、探讨。在问题的分析、解答过程中，郭子兴发现朱元璋不仅对问题的分析透彻，而且还总是能从他那里得到满意的答案，郭子兴对朱元璋就更加信任了。

朱元璋的努力得到了回报。不久，朱元璋便被升迁为郭子兴的亲兵，不仅与郭子兴更加接近，也为展示自己的才华创造了更加有利的条件。

第二节　福人福相

朱元璋的意见常常与郭子兴一致，这实在是难得。正缘于此，郭子兴更加愿意与朱元璋亲近。

朱元璋的可造之处在于，他的脚步并没有在此停滞，他还拥有更为高远的目标。长期身处义军的队伍之中，他有了一种更为深刻的认识，那就是自己身边的这支庄稼汉组成的队伍，以及其他红巾军队伍的素质都不是很高，并没有太多让人敬服的人物。从他的内心来说，这与他所想象的那种正规军队有很大的出入，因此他看不起这些起义军。也许这正是他日后带军领军的基本立足点和出发点。

朱元璋的这种认识并非是没有根据的。郭子兴在起义的当初，由于考虑到以自己的绵薄之力实在是难以与强大的元朝军队相抗衡，他就联系了当地其他几个豪强一同举事。这联合起来共同反元的统一战线，说是联盟，但也存在着致命的弱点，那就是指挥权力不能统一，谁也不服谁。

由于其他几个豪强的势力比郭子兴的势力还要大，因此，在指挥权力的问题上，郭子兴有的时候就难免要听从他人的指挥和安排。况且郭子兴本人在性格上也有缺陷，他为人傲慢，易猜忌，缺少度量，而且好记仇，因此与其他几位将领的关系处得并不是太好。很少有人能帮助他、理解他，这使他一直很困惑。正当这个时候，郭子兴遇到了朱元璋，他发现朱元璋不但在平时操练时表现得非常出色，而且在战场上也是一个勇敢善战的好手，为了自己主帅的安全常常冲入敌阵，奋不顾身，勇于做事，且尽职尽责、言听计从。

朱元璋对于义军的看法，郭子兴并不是没有想到。与他一同起事的那几位将领，没有一个是称心如意的理想伙伴，那些人其实也都是土豪，目光短浅，且不懂政治军事，只是迫于元朝的统治才起来反抗，但并不想彻底推翻元朝的政权，只是想自保一方。所以在军纪上自然也就不如郭子兴的军队严明，而且领导才能也不如郭子兴高超，只是在资本权势上比郭子兴略强而已。郭子兴认为这样下去，终非长久之计，因为反元斗争是一个长期的、艰苦的过程，没有一支有着良好军纪和训练有素的军队，怎么能够在这场艰苦的持久战中取得优势，占尽先机，并取得最终的胜利呢？现在义军所缺少的正是这点。

可以说郭子兴还是有一点军事才能和政治眼光的。他虽然知道对于这一支庄稼汉、农民起步的队伍来说，素质差是必然的，但终归有一个良好的信念，那就是以反元拯救自己。这一点就是"质的飞跃"。郭子兴知道自己也不能完全做到正规军队所要求的一切，但是他把自己所控制的义军向正规军队的"纪律严明，保证有力"这一点上尽力靠拢。如果能遇到一个与自己同心同德，而且又能为自己忠心做事的人，自然是再好不过的了，而朱元璋又恰恰是这种人，无论从哪个方面来讲，都是上上之选，可造其才，舍他其谁呢？

其他地区的红巾军姑且不论，就淮西起义军当时的情况来说，队伍素质低下、纪律松弛、战斗力不强，的确是当时濠州的起义军内部的实际情况。除郭子兴稍显出色之外，与他一起起兵的其他几位将领的志向并不高，只是固守一方，仅仅满足于眼前的利益，安于现状，而没有长远打算。

更让郭子兴忍无可忍的是这几位胸无大志的义军领袖。他们虽然性格憨厚，但是却纵容军队抢劫百姓财物，生活糜烂、腐朽。自视清高的郭子兴又不善言辞，与他们几个人全都合不来，经常借故不与这些人一起议事。时间一长，这几个人开始对郭子兴的动机起了疑心，开始时时刻刻提防起郭子兴来。

这个时候的郭子兴是非常苦闷的，他的抱负得不到施展，而且由于与起义军将领在权力问题上的分歧，使得他几乎变成了孤家寡人。在郭子兴心目中，由于处境的孤单，他觉得在偌大的濠州城内的起义军阵营中，只有朱元璋才是可以依靠的。不久，朱元璋便被郭子兴任命代替自己出兵作战。

战场上，朱元璋亲自上阵，带头深入敌后，与士兵一起坚持到战斗结束，取得了丰硕的战果。朱元璋为人仗义，他把所获得的战利品都分给了部下，从而更加赢得了部下的忠心。士兵们也知道了跟着朱元璋作战，不但能够打胜仗，而且还能够得到应得的报酬，因此，作战更加积极勇敢，而朱元璋也因此兵力扩展飞快。由于朱元璋是郭子兴一派的人，所以，连带着使得郭子兴的威望也后来居上，几乎要压倒其他一同起义的诸位将领。

郭子兴从朱元璋一系列的表现中，发现朱元璋不仅仅冲杀在前，享受在后，而且还深得士兵们的拥护和爱戴，觉得此人不寻常，将来必有前途。郭子兴又想起了自己的义女马秀英，早已到了当婚论嫁的年龄。马秀英是郭子兴的至交马公的小女儿。马公是宿州闵子乡新丰里的富户，善结交，秉性耿直，后因杀人，带着小女儿投奔了郭子兴。郭子兴起兵时，马公回宿州策应，但不久故去，留下小女儿马秀英由郭子兴的二夫人张氏抚养，并正式收为义女。马秀英聪明贤惠，端庄温柔，善解人意，且"知书精女红"。郭子兴想到要成就大业，身边就必须有一个像朱元璋这样精明能干的帮手。于是他多次与颇有见识的张氏商量，想将马秀英许托给朱元璋，招他为义婿。张夫人对朱元璋的为人早有耳闻，认为义女嫁给他不会受罪。更重要的是夫君兴事成大业，需要有能人相助，故欣然同意。在征求了朱元璋本人的意见后，由郭子兴张罗，择良日为朱元璋和自己的义女马秀英成婚。而马秀英就是日后那位助朱元璋一臂之力的马皇后。

一桩具有深远意义的婚姻大事就这样促成了。对于朱元璋来说，真可谓天上掉馅饼，撞了个头彩！一个穷小子竟然娶了元帅的女儿为妻。真是福人、福相、福分大！连他自己都觉得好像是一场梦，简直连做梦也没想到，但如今是梦已成真。

朱元璋与郭子兴的义女结为夫妇，从此有了靠山，更加受到士兵的拥戴，人们纷纷称他为朱公子。这就像给他打了一针强心剂，从此，朱元璋率军出击更加卖力，每每打得元军落荒而逃。朱元璋先后攻打五河，攻取定远，攻克南宿，继而是征讨大店、固镇等地，颇有战功。

第三节　招降纳叛

为了扩大起义军的力量，至正十三年（1353年）六月，朱元璋征得郭子兴的同意，回到自己的家乡招兵买马。

冷兵器作战的年代里，尤其是那种接近肉搏战的时候，兵多将广，真是无人不想。因此，在同等条件下，除了将领的指挥部署作用之外，兵力的多寡往往决定着战争的胜败。

到了故乡，朱元璋的任务进展得非常顺利，不时有人来投奔，其中最为著名的就是徐达。

徐达比朱元璋小4岁，身材高大，性格刚毅，与朱元璋十分默契。他为日后朱元璋成就大业，做出了杰出的贡献。朱元璋在当和尚时给他送信、拉他"下水"的汤和此时已经是义军中的一名军官了，但由于非常钦佩朱元璋，不久也投到他的门下。其他比较著名的还有周德兴、郭兴、郭英、张龙、张温、张兴、顾时、陈德、王志、唐胜宗、吴良、吴祯、费聚、唐铎、陆仲亨、郑遇春、曹震、张翼、丁德兴、孙兴祖、陈桓、孙恪、谢成、李新、何福、邵荣，以及耿君用和耿炳文父子、李梦庚、郁新、郭景祥、胡泉、詹永新等人，这些人后来也成了朱元璋淮西战将集团中的中坚力量，并且绝大多数都被封为公侯，名留青史。

他在10天的时间里募集到了700多人，这支队伍用《皇陵碑》的文字形容便是"赤旗蔽野而盈冈"。朱元璋圆满地完成了任务，然后就带领着这支军队回到了军营。正在为兵力不足而苦恼的郭子兴大喜，原本已有些冷冷清清，现在又可以浩浩荡荡了。之后，郭子兴升朱元璋做了镇抚，并把这700多人让朱元璋统帅，这样，朱元璋终于算是有了一支自己的军队，虽然少，却是家乡子弟兵，忠心方面绝对不成问题。如邵荣，打起仗来英勇善战，和周德兴等人一直跟随朱元璋出生入死，冲锋陷阵。

古时候的将领对子弟兵的信任是一种迷信式的，他们经常把自己的子弟兵视为骨干力量，把所有的好装备、武器、配发给他们，而且赏赐方面也有偏颇。这一点楚汉争霸时期项羽的例子就是明证，项羽带领着8000子弟兵，势力一度达到顶点，几乎伸手就可以做天下的皇帝。而且当项羽垓下被围的时候，跟随着他的依然是他的那些江东子弟。

然而在此时，朱元璋所招回的子弟兵却没有那么风光，不仅不能得到相应的装备，还要时刻防备着元朝军队的来袭。正是由于这种险恶的局面，才锻炼了朱元璋临危不惧、应付各种复杂局面的能力。

濠州城里的气氛实在太令人郁闷，统帅无大志，整日钩心斗角。朱元璋认为彭赵孙郭等六七名头领死捆在一起，固守濠州一地，而又全都浅视寡谋、尔虞我诈、互不相让，长此以往，前途渺茫。因此，朱元璋决定从新募的700人中挑选出24名精兵强将，如徐达、汤和、吴良、吴祯、花云、陈德、顾时、费聚、耿再成、耿炳文、唐胜宗、陆仲亨、华云龙、郭兴、郭英、周德兴等，独树旗帜，另谋发展，开辟新的根据地，其余的人全交由郭子兴驻守濠州。

至正十四年（1354年）开春，朱元璋征得郭子兴的同意，决定南取定远。他先招募了一批人马，在进军途中接连获得了一连串的胜利。但是天有不测风云，在去定远的途中，朱元璋患了一场大病，只得中途返回，在濠州养了半个月，才略有好转。

有一天，朱元璋正躺在床上休息，听见门外有人在叹息，过了一会儿又走开了。朱元璋问夫人："好像是元帅的声音，不知为何叹气？"夫人告诉他："听说张家堡驴牌寨有三千兵马，孤立无援，想来投降，又有些犹豫。父帅与寨主相识，认为机会难得，可又找不到合适的人去劝降。估计父帅是在为这件事而发愁吧！"

朱元璋听罢，心想：募兵的效果虽然很好，但也存在着不利的一面。这些来自四面八方的人到此来参军，各有各的目的、动机，这样便会对纪律严格的军营有着不同的理解。那些想建功立业的人想的自然是杀敌立功，晋升官职，而那些动机不纯的人则只会抱着当一天和尚撞一天钟的想法。这后一种人对于艰苦的训练会有抵触情绪。而且这些人刚刚加入军队，管理得再好，或者训练虽然有助于提高他们的技能，但是他们没有经过实战的考验，一时半刻不会在战场上起到什么大的作用，所以这就得需要有一定战场经验的老兵掺夹其中，达到"带兵"的目的。应该说，招降也不失为一招妙棋，因为凡是被招降的军队一般都是些占山为王的"山大王"级别的人物，这些人的军队长期与官军作战，自然有着丰富的作战经验，他们之所以能够在元军的打击和义军的夹缝中生存下来，也自然都有一套保全自我的招数，这是募集的新兵所不具备的素质，因此张家堡驴牌寨的这帮人马，不能放过。朱元璋急忙来到郭子兴处，说明此意。

郭子兴听完朱元璋的一番话后，说："我也想过这事，只有你去最合适，可你的身体还没有完全康复，怎能担此大任呢？"

朱元璋说："机不可失，时不再来。要是被别人招降，到时后悔都来不及了。"

郭子兴见他态度坚决，也就同意了。于是，朱元璋带上十个人上路了。

当时是天气炎热的六月，朱元璋大病初愈，身体还很虚弱，没走多远就晕倒了。手下人劝他回去，他执意不从。就这样，走走停停，赶了6天，才来到宝公河边。河的对面就是驴牌寨营地。

朱元璋带领一行人马准备求见这个驴牌寨的寨主。刚走到边界，忽然间，驴牌寨营中便排列出军阵。朱元璋身后的几个步卒见状十分恐慌，打算掉头逃跑，朱元璋一声喝令，说道：彼众我寡，你能跑到哪里去？他们只要纵马而来，哪个也逃不掉。你们不要怕，都随我前去，听我命令，见机行事。几个人才镇静下来。这时营中走出两个将领问话。朱元璋高坐马上，命人回说：郭子兴命我从濠州来，与你们主帅议事！

驴牌寨的将领只允许朱元璋带一名侍从入寨。朱元璋并没有畏惧，他让其他人留下待命，自己带了费聚前往。

在大寨的正堂里，朱元璋见到了寨主，说："我家元帅与将军是旧交，听说将军粮草不济，别人想趁机暗算将军，特派我前来相告。希望将军能随我一同到濠州与我家元帅共举大事。不然就移兵他处，躲避一下。"这些话说得不卑不亢，开门见山地为驴牌寨的主帅分析了当时的情况，刚柔并进中带着威逼利诱。言下之意：如果你想要投奔郭公，我们非常欢迎，如果一时半会儿不想投奔，也要防备被别人趁机攻打。寨主请朱元璋留下信物，说收拾好行装，过几天即去归附，让朱元璋先回去复命。朱元璋留下费聚等三人，自己带了其他人回濠州去了。

谁知三天之后，费聚突然驰马来报，说驴牌寨主变卦了，准备把队伍带到别的地方。朱元璋当机立断，带上三百人马赶到驴牌寨，对寨主说："我家元帅听说你被别人欺侮,要去报仇,怕你人手不够,派我率三百人马助你一臂之力。报完此仇,我们再一同去濠州不迟。"寨主对他的话半信半疑。虽然把朱元璋的兵马留下来,但防范很严。

朱元璋见此计不成,又施一计。第二天早上,他让一个胆大的士兵向寨主报告说,寨中有两个兄弟与朱总管发生争斗,出了人命,请寨主去处理一下。寨主不知是计,被诓了出来。等寨主一到,朱元璋立即命士兵把他绑了起来,强行押离营地。走出十几里后,又派一个人回兵营传达寨主的"命令",说大帅已在前面布置营地,让大家立即转移。三千名士兵信以为真,竟放了一把火烧掉了营寨,跟随而来。驴牌寨主见事已至此,木已成舟,想不投降都不行了,于是便归顺了朱元璋。郭子兴见朱元璋立了大功,就把这三千人马划归他指挥。

凭借着这手中的三千多人马,朱元璋又说服了另一个姓秦的把头,把他手下屯驻于豁鼻山的八百名"义兵"收归到了自己名下。这样,朱元璋已经拥有了四千多人的队伍。

在尝到了招降的甜头之后,朱元璋进一步把战争与招降紧密地结合起来,停中有打,打中有停,最终逼其就范。在打的时候,一半是为了消灭对方,同时也是为了动摇对方,而一旦停止进攻,则随即进行心理攻势,使得对方打则溃不成军,停则不战而溃,最终投向自己的阵营中来。

在朱元璋收归降军、扩大实力的初期阶段,最具代表性的例子就是与缪大亨的一战。

红巾军起义后,元朝的军队镇压不力,一些地方的地主武装纷纷结寨自保,称为"义兵"。元廷见缪大亨这支力量可以利用,便封以官爵，使其为朝廷卖命。

缪大亨是当地的地主，曾经组建了一支军队参与攻打濠州的战役。元军撤退后，缪大亨带了两万人退驻横涧山，占山为王。元朝为了拉拢他，曾封他为义兵元帅，又特意给缪大亨派去一个监军，督促缪大亨与义军攻打濠州。

为了获得缪大亨这支部队，朱元璋对症下药，一开始采取打的策略，派花云为先锋，奇袭横涧山。花云身长面黑，绰号"黑先锋"。花云马到成功，一举击败了缪大亨，元朝监军落荒而逃。缪大亨收拾残卒，待天明时列阵准备再战。朱元璋部下有人与缪大亨是朋友，朱元璋就派他去劝缪大亨投降。缪大亨见大势已去，投降了朱元璋，其部下7万多军民也成了朱元璋的部下，朱元璋的势力迅速扩大。

朱元璋收编了这么多的军队，并没有沿用其他一些起义军将领的办法去治理军队。因为一些起义军的将领军事素养不高，根本不懂得将兵领军之道，士兵的成分极其复杂，起义军将领还经常纵容士兵抢掠百姓财物，军纪不严不说，更关键的是这些士兵行军打仗一旦遭受挫折，就会一哄而散。这是朱元璋嗤之以鼻的，朱元璋采用训练士兵的方法来约束士兵。

朱元璋从缪大亨那些招降的士兵当中挑选出了2万精兵，加上自己原有的士兵，再加上地方的小武装，接近3万之众，亲自训练。在训话的时候，朱元璋对士兵们说："你们以前与别人作战，并不是人数上不占优势，而是由于军纪不整，民心不在你们一方，军心不稳定，训练不系统，所以交战，必然会败下阵来。现在我严格训练你们，就是为了作战的时候能够勇敢向前，像一个真正的男子汉。你们必须服从命令，努力训练，当兵打仗要有立功受赏之志，要有建功立业的思想，所以要万众一心，严训练，严守纪，知进止，奋力杀敌。在我这里当兵，赏罚是一定兑现的，拼力受赏，不进受罚，如有违抗命令，就要杀头。"

在朱元璋的精心训练下，这2万多人的部队的训练初见成效。时间不长，这支军队就成了一支能征善战的队伍，屡屡打败元朝的军队，而且军纪严明，很少有扰民之事。

朱元璋从招降的部队中看到，招降的部队虽然作战勇敢，但是其长时间养成的习性却一时难以彻底改正。这种习性经常在战场上或者战后复发，害苦了老百姓，现在经过从严训练，赏罚分明的管理，部队的懒散作风已经大为好转了。

朱元璋此时的情况就好比在聚沙成塔，而严明的纪律就像黏合剂一样把这些人聚集到一块，形成一个整体。可以说正是有着严明的军纪才使朱元璋的战斗集团从原本一盘散沙的杂牌军变成了有效的、能够合力对付敌人的王牌劲旅。

朱元璋在募集及招降之外，还用了另外一种方法：鼓励贫穷的劳苦大众参军。这种现象早在他第一次募兵时就已经显现出来了。这是他最早尝到扩兵甜头的老办法，也是最有效的一种办法。

招收贫苦人参军，具有很强的针对性、特殊性。这主要是由于贫苦农民的要求不高，他们往往是为了糊口才来参军的，所以只要能有一口饭吃，就不会有过多的要求，他们本身也是贫苦人家出身，对于同样穷苦的百姓也不会产生骚扰之心，因而与那些有刁蛮、贼盗之习的人相比，这种兵员是最好训练、最好管理的。同时，由于这些贫苦农民生活在元朝社会的最底层，受到了最不公平的待遇，因此他们与元政府的仇恨也是最深的，在与元朝军队作战的时候具有很强的战斗自觉性，不需要动员就会极为勇敢地去杀敌。尤其是在训练方面，相比起那些招降而来的"兵油子"而言，这一部分出身贫苦的士兵也格外卖力。如此一来，一支能吃苦、守纪律、善作战的部队很快就在朱元璋的作战序列中出现了。

招降缪大亨这场胜利引起了四方极大的震动，其他的一些地方小武装因慑于朱元璋的声势，也纷纷引兵来投。这一时期来投奔的最为著名的地方武装头目有吴复、冯国用、冯国胜、丁德兴等人，这些人或能征善战，或长于出谋划策，成了朱元璋的左右手。譬如其中的丁德兴，他刚一投奔过来就随朱元璋参加了一次大会战，带领着他的子弟兵攻破了敌人的寨子，活捉了头领，并且还招降了几千兵马。

冯国用、冯国胜两兄弟的到来，对朱元璋来说具有另一种意义：当时从兵力来说，朱元璋的队伍已经不算小了，然而他最为缺少的就是将才。驴牌寨和豁鼻山、横涧山的部队自然要靠原寨的头领来实施主要的管理，但适当地补充领导者，加强管理却是必要的。更为重要的是，朱元璋作为一名从九夫长、镇抚等基层职位上来的将领，面临的多是一些郭子兴的老部下，缺少自己的幕僚。

一个人的精力是有限的，指挥众多下属会显得有些力不从心，难以周全。而冯氏两兄弟的加入，正好填补了这方面的空白。尤其是冯国用，最善谋略而且目光远大。冯国用的言谈具有登高望远之妙："有德昌，有势强。"这六个字，强调了要想平定天下，首先要有道德品行，同时也要有强大的实力；道德操行可以得人心，强壮势大可以定四方。这样的见识是朱元璋未曾听说过的。朱元璋第一次感到儒生的重要，将冯氏兄弟留置于幕府，做了他的身边高参。

不久，泗州虹县人胡大海和邓愈也来投靠。胡大海身材修长，仪表堂堂，智勇双全，被朱元璋任命为先锋。

邓愈原名邓友德。他父亲曾起兵反元，后来在作战中牺牲，由他的哥哥代领其部，不久其哥哥也病死。于是邓愈被部众推为首领。当时他才16岁，可每次作战都冲杀在前，是位少年英雄。他是听了好友胡大海的话，才投靠朱元璋的。朱元璋见这位少年英姿勃发，又听了他的经历介绍，不觉大喜，对他说："你的勇略超过了你的父兄，我看把你的名字友德改成'愈'吧。'愈'的意思是胜过。怎么样？"邓愈立即下拜答谢。朱元璋任命他为管军总管，仍带领原班人马，随军征战。

在这里我们不难发现，此时的朱元璋已经从眼光、气度、谋略方面与其他的起义军将领显示出了很大的区别，而且这种眼光、气度、谋略等具体地体现在他对军队的行军打仗和日常管理之上。比如他从来不让自己的军队扰民；注意军功，赏罚分明；注意人才的使用，使得人尽其才，物尽其用，并且也没有其他起义军将领所固存的那种嫉贤妒能的致命缺陷。

为了自己实力的扩张，朱元璋着实费了很多脑筋。朱元璋清楚地认识到拥有自己队伍的重要性。在胜者为王的时代里，只保证自己不被别的武装所吞并是不够的，所以他只有费尽心机去招降各种武装力量，来保证自己拥有足够的力量来防止被别人的武装所吞并。他不遗余力地加紧扩军，加强训练，使得自己的实力再度增强，从而进入一种良性循环的状态。可以说朱元璋在拥有自己的武装力量这个问题上认识深刻，高瞻远瞩。

经过多方筹备，朱元璋的部队在兵力、文官武将诸多方面已有了完善的配备，具有了平定天下的基本力量。

第四节　濠州事变

郭子兴所在的濠州红巾军中存在着各种各样的矛盾。原有的孙、俞、鲁、潘四位将领就与郭子兴不和，赵均用与彭大加入以后，形势更加复杂。

濠州红巾军中，论领导才能或政治作用，郭子兴最优秀，尤其是当初攻占濠州时，他起了主要的推动作用。郭子兴善计谋、懂军事、识大局。可是论实力和名次郭子兴却只居第五位，实力最强的要数孙德崖，而孙德崖等四人都是鲁莽粗直的庄稼汉，他们不识字，见识短浅，胸无大志，性格憨厚而缺少战略头脑，纵容部下敛财扰民，所以不堪大用。郭子兴为人刚直孤傲，不肯屈于他们，还时时奚落他们一番。如此便出现了一种隔阂，形成了尖锐的矛盾。

矛盾公开化之后，郭子兴的第一个反应就是回避，他经常不参加会议，由此被其他的几个将领怀疑。朱元璋看到这种情况，暗暗为郭子兴捏了一把汗，他私下里找到郭子兴，为他出谋划策，为他讲解目前的形势。朱元璋说："就目前的情况而言，任何一个人从起义军中分离出来，必然会被元朝的军队所击垮，所以这个时期切不可搞什么不必要的内耗，这是完全要不得的，咱们要放下架子，与孙德崖他们打成一片，才不会被元军或者是别人从中挑拨离间，希望您还是要多多参加他们的会议，多听听他们的意见，与他们交流一下看法，这样次数一多，就会使彼此互相了解，也更能够增加理解了，由此形成一种良性循环，其间所造成的误解自然就容易消除了。"

郭子兴认为朱元璋说得有理,还真的按照朱元璋所说的那样做了。可惜好景不长,或者说是江山易改,禀性难移,郭子兴在一次会议中又与那四位将领争执起来,这回他们可是彻底闹翻了。由此,红巾军濠州部队内部的矛盾已经公开化,矛盾的一方是孤高耿直的郭子兴,另一方是性情憨直的孙、俞、鲁、潘四位元帅。郭子兴和他们闹翻后不再参加原来的会议,又使得双方互相猜疑和提防,生怕对方设下陷阱。

濠州城内的大本营矛盾四起,势同水火。这时,朱元璋受郭子兴派遣,在淮北怀远、安丰一带对元军作战。恰在此时,另外几个起义将领芝麻李、赵均用、彭大等响应刘福通起义,占据了徐州等地,拥兵十万,声势浩大,对元朝已形成了一种巨大的威胁。

至正十二年(1352年)九月,元朝丞相脱脱统兵10万,兵临徐州城下。在此之前,元朝命淮南宣慰使贾鲁招募了当地盐丁及骁勇健儿3万,穿黄衣、戴黄帽,号称黄军,包围了徐州城,作为攻打徐州城的先锋部队。脱脱采纳了宣政院建议的强攻之计,以巨石作炮,昼夜猛攻,一举攻入城内,并下令屠城。芝麻李奋战突围,转战湖北,投奔了徐寿辉,后随明玉珍转战四川,最后出家为僧,遁入空门,而另两位大将彭大和赵均用突围后率领其余部队投奔了濠州。他们的到来又使濠州的矛盾火上浇油。孙德崖等人想联合赵均用、彭大来孤立、打击郭子兴,但赵、彭二人来到濠州后也发生了矛盾,结果是赵均用与孙、俞、鲁、潘气味相投,虑事有谋、专权自大的彭大与郭子兴成为友好。这样一来,濠州城内的矛盾更加扩大。

两派势力的争斗进一步公开,终于导致了绑架郭子兴事件的发生。赵均用听了孙德崖挑拨,恼恨郭子兴只尊重彭大,轻视自己。这一天，赵均用见到了独自在大街上走路的郭子兴，突然萌生了绑架谋害之念，便派手下随从一拥而上捉拿了郭子兴，押到孙德崖的家宅，投进了地窖。郭子兴的部下一时无主，处于被动地位，竟无一人设法救主。

身在前线的朱元璋对濠州城内的矛盾深知根底，时刻关心着局势的变化。郭子兴元帅府来人报告说郭子兴已被赵均用、孙德崖抓了起来，赵、孙在伺机搜捕郭子兴全家，包括朱元璋，希望他回来后千万不要露面。当朱元璋听到这些之后心里一惊，他没想到，孙德崖这帮人这么心狠手辣。朱元璋立刻命令大军拨马而归，回濠州营救郭子兴。这一方面是因为郭子兴于他有知遇之恩，另一方面这一事件直接关系着他的家庭幸福。在打道回府的路上，他碰到了熟人，劝他千万别回濠州。朱元璋大义凛然，急切说道："郭公是于我有厚恩的人，现在有难而我坐视不救，身为大丈夫，还有什么忠义可言！"此时，郭家男子都已藏匿，仅留有妇女看家，且都吓得不敢说话。见到朱元璋大军的到来才松了一口气。

朱元璋向躲藏的郭子兴的儿子郭天叙和郭天爵等人了解了有关情况。朱元璋分析到，郭子兴向来是看重彭大而轻视赵均用的，因而此事的根子在赵均用身上，是赵均用因受鄙薄所致。因此要救郭元帅，必须由彭大出面才能制服赵均用。

朱元璋的这一分析是正确的。接下来朱元璋便立即去见彭大，向他陈说事实，分析利害得失，说："论郭公的智谋，在濠州城内可以说是高于别人的，也正因于此，他遇事少与四位元帅商议，由此招致他们的忌恨。如今他们这种行为明摆着是拆台，自古以来大事难成，难就难在有一帮嫉贤妒能之人。"

朱元璋的话正好说到彭大的心上。联想到他和赵均用矛盾的公开化，原因也正在这里。彭大原本就赏识年轻有为的朱元璋，认为他是难得之才，此时听他说得在理，又听说一帮人要害郭子兴，不由就燃起了一股怒气，说道："没事，你甭怕，有我彭某在此，看他们谁敢胡来！"当即叫人集合队伍，要去包围孙德崖家。朱元璋见状也立即回家换上盔甲戎装，亲自营救郭子兴。

由于救人心切，同时也是为了少生变故，未经交涉，朱元璋和彭大所部逾墙而进，爬上屋顶，揭开瓦椽，行动之中斩杀了孙德崖的祖父母。朱元璋找到囚禁郭子兴的地窖，见郭子兴头锁木枷，脚扣铁镣，浑身已皮开肉绽。

这是当时濠州义军领导内部所发生的最大的一次互相残杀事件。如果没有朱元璋的赴救，郭子兴这支义军队伍可能便从此完结了。在此紧要关头，朱元璋再一次显示了知恩必报的品格。

救出了郭子兴，但濠州红巾军的内部矛盾并没有解决，只是暂时制止了一场火并。但这场事变对于朱元璋来说却是颇有意义的，这使他在具有处理军务的经验和指挥作战能力的基础上，又平添了处理突然事变的应变能力和政治斗争的经验。

1352年底，脱脱任命新提升为中书左丞的贾鲁领大军进围濠州。大敌当前，义军首领这才暂时摒弃前嫌，携手指挥将士坚守城池。从这年冬天一直到第二年春天，濠州城整整被围困了七个月之久。义军凭借着城高壕深、粮草充足，顽强坚守。久攻不下的元军，士气开始低落，将士的斗志亦感低沉，军心涣散。不久，贾鲁病死军中。主将一死，士兵们更是无心恋战，自动解围而去。

在红巾军中，郭子兴、孙德崖、彭大、赵均用四人分合倾轧，矛盾复杂而激烈。孙、郭二人是起义军的创始人，争权不止；彭、赵二人后来加入，权欲极强。但他们都缺少雄才大略，大业未成就开始内部的钩心斗角甚至武力火拼。对智勇双全的朱元璋，他们尤为忌惮，屡下杀手。朱元璋一方面要服从命令，维护大局，另一方面还要自立门户，图存发展，时刻提防暗算。

至正十四年（1354年），朱元璋率24名基干力量南略定远后不久，招兵买马，攻城夺寨，影响日大。朱元璋的崛起，引起了彭大、赵均用的忌妒和不安，为了除掉将来的竞争对手，彭、赵二人想出了一条计策。

一日，泗州差官来到朱元璋军营传达命令道：奉郭元帅之命，朱镇抚请移兵盱眙。朱元璋十分吃惊地问：郭元帅一直在濠州，怎么突然到了泗州？来使回答：这是彭、赵二将军的建议。朱元璋又问：濠州何人把守？来使答：孙公德崖留守濠州。朱元璋便明白了一切：彭大、赵均用二人窥视元帅位置已久，今见我略有所成，便挟持主帅到泗州，令我率军到盱眙，以便就近节制我部，待时机成熟将我与元帅一网打尽，我若依他，便是自投罗网。一想到此，便对来使果断地说，请你回去禀报彭、赵将军，朱元璋只听郭元帅之命，不会听从二位将军之命，愿二将军好自为之，不可逞强害人。彭、赵二人听了回报，知道计谋被识破，十分气愤，但也无可奈何。

在濠州城被围的岁月里，朱元璋始终领兵浴血奋战。在元兵完成对濠州合围前，他曾领兵一支攻取怀远、安丰，招兵买马；合围之后，他又带兵突出重围，攻克了含山县、灵璧县和虹县。

元军撤围之后，濠州虽转危为安，但人员伤亡惨重，粮草告急，急需补充兵员和粮草。朱元璋先通过朋友弄来了盐，后又用盐换回几十石粮食，此举虽可解燃眉之急，但并非长久之计。元军已去，彭大、赵均用等人依然存在矛盾，不肯化解。濠州城内的诸帅们也是一样矛盾重重，争权夺利。

使朱元璋担心的就是，诸帅个个鼠目寸光、胸无大志，死守濠州这弹丸之地，不去开拓新局面，无异于坐吃山空；百里之内无元军，就以为是天下太平。朱元璋深感自己身单力薄，又说不动他人，便决心依靠自己的努力，闯出一片新的天地。

第五节　根据地

朱元璋受到郭子兴的格外重用以后，随即离开濠州，向东南发展，夺取定远、滁州。目的是想抛弃濠州这个沉重的包袱，摆脱濠帅赵均用、孙德崖等人的束缚和困扰，开辟真正属于郭子兴部队的独立的根据地。

朱元璋在拥有一定数量和素质的部队之后开始向滁州进军。他之所以这样做，也是迫不得已的事情。在濠州的义军队伍当中，由于彭、赵、孙、俞、鲁、潘这几位起义军将领没有大志，由于起义军的军纪败坏，导致驻地百姓对于红巾军不再拥护爱戴。在起义军的队伍中还有一些暴徒似的败类，由于没有妻室，就在城里、城外到处抢劫，肆意淫虐，老百姓对他们的意见极大，结果是"一颗耗子屎，坏了一锅汤"，把红巾军的脸面全都给丢尽了。

红巾军在与元朝作战的同时，没有努力使自己的后防更加巩固，而是采用竭泽而渔的办法——他们未能正确处理好与地主的关系，常常是打上门去，把地主家的财产、田地等哄抢一空，这些汉族地主逃亡在外，有一些人被逼得站到元朝的立场上与红巾军作战。朱元璋认为，这样的将领和士兵所组成的军队，是很难有所发展的，所以他要独辟蹊径，另谋发展。

至正十四年（1354年）六月，朱元璋决定按照既定的目标开始第一步：向东南方向出击，攻打滁州。

在向滁州进军的途中，定远名士李善长求见。李善长的投靠对于朱元璋的一生产生了非常重要的影响。得到了李善长的帮助之后，朱元璋精神大振，率军向滁州进发。

朱元璋不仅有足智多谋、目光远大的知识分子的佐助，而且军中也有能打善拼的战将。其中有一名叫花云的将领，率几名轻骑兵担任前锋，在行进时与滁州方面的几千名元军巡兵遭遇，花云以长矛迎敌保护朱元璋，朱元璋则在他的护卫下率兵冲向敌阵。敌兵见花云英勇超常，惊恐万状，连连后撤。这一撤引起连锁反应，使滁州守军斗志全无，朱元璋的大队人马趁机冲杀，一举破城，滁州周围的驻军也相继投降。

在朱元璋攻打滁州胜利的同时，赵均用等人却遭到了元军的包围。1354年，元丞相脱脱派兵围攻六合，赵均用、孙德崖等人遭到了元军的包围，力不抵敌，无奈之中求援于郭子兴。

赵均用、孙德崖派出与朱元璋相熟的使者先去游说朱元璋。朱元璋认为从大局着眼应当予以支援，但郭子兴为人气度狭小，因受过赵均用、孙德崖等人的欺侮，一听便予以回绝，不同情使者的哀求。朱元璋此时又以共同利益为由，向他陈明六合与滁州唇齿相依的利害关系，说明六合失守后，滁州也会随之陷入元军重围，形势恐难预料。从保卫滁州的角度上来看，理应派兵出击。就这样，朱元璋据理力争，好说歹说地才算使郭子兴从心理上转过了这个"弯"。于是，郭子兴和朱元璋二人着手支援六合。

在增援六合的战斗中，耿再成固守瓦梁垒。元军急攻瓦梁垒前后不下四五次，每次都是在阵地快要被攻陷的时候，忽又撤退，这样便使义军有了一个喘息和修复被破坏的工事的机会。耿再成推断元军之所以这样，是因为他们不了解义军内部的虚实，怕中了义军的埋伏。朱元璋看到元军的这种表现后，立即转换策略，以智取代替硬拼，决定自行退出瓦梁垒，导演一幕空城计。由于义军人数较少，朱元璋先是以妇女、牛群扰乱元军视线，使元朝军队穷于应付。而后让妇女和牛群向滁州撤退，辎重、妇女在前，留精兵断后，以防备元军的追击，趁元军疑惧不前、按兵不动之际，撤军回滁州。

当义军撤退至滁州外围时，元军才意识到上了朱元璋的大当，于是，在十一月初发兵攻打滁州。耿再成率兵迎击，佯败而退，将元军引入义军的伏击圈，滁州红巾军随即四面出击。元军中了朱元璋的埋伏，猝不及防，损失惨重。朱元璋终于达到了增援六合义军的目的。这一仗打出了威风，使得郭子兴脸上增了不少光，扬眉吐气，心里着实觉得荣耀。

随后，为了阻止强大的元兵反攻报复，朱元璋与元将议和。他以郭子兴的名义退还所获的元兵战马，备物资犒劳元兵，并解释道：滁州城居守的都是些良民，良民结聚为兵，完全是为着自保自卫，以前听说元兵要攻取滁州，大杀无辜，故冒死反抗，实出于不得已。今元兵的大敌在高邮（指张士诚），将军不并力攻高邮，反来屠杀良民，这样做合适吗？元将听了朱元璋的一席话后，感到很有道理，随即宣布撤军。

随着战争形势的好转，朱元璋向郭子兴建议主动出击，扩充势力。朱元璋献计说："几万人固守滁州小城，绝非长久之计。此去西南百里之外有一座和州城，位于长江北岸，进可攻，退可守，应该早日图之。"

和州地处江北平原，是当时的农业生产重地和粮仓所在，且南临长江，是长江下游渡江的必经之地，历史上常为兵家所必争。由于和州地位特殊，因此，元兵对和州的防守十分坚固。

郭子兴担心和州城坚，不易攻取。朱元璋制定出一套智取的方案：先由将领精选出勇士3000人，穿青衣，伪装成庐州路元兵护送使者至和州城慰问城内元军将士，趁机混入城内，另一支一万人的义军，则仍穿红衣服，紧跟3000青衣军之后10余里地。待前面3000勇士入城举火，后面万余人便迅速赶上，内外夹攻，一举夺取和州。

计划制订以后，伪装好的3000青衣军由张天祐率领，另一路万人的红衣军，则由耿再成率领，紧跟在青衣军之后前进。这不愧为一种虚虚实实、真真假假的诡道用兵之法。这一兵法的实施，虽然由于两路义军配合不够默契而出现了较大的曲折，但最后仍然取得了胜利，占据了和州，和州守将元平章也先帖木儿弃城逃窜。义军进占和州后，郭子兴正式任命朱元璋为和州总兵官。

朱元璋攻下和州后立即采取紧急措施，稳定局势，加强防守，以准备对付元兵的反攻。朱元璋刚进驻和州，还尚未建城，元兵便很快进行了一次反扑，被义军打退了。

随后，元兵不断调集兵马，号称"十万"，与朱元璋进行了长期的争夺战。而此时在和州城里的义兵们老弱病残全加起来才一万人，元军以十倍于义军的绝对优势兵力对他们进行了一次又一次的反攻。朱元璋与诸将领同心同德，运用各种战略战术，有时声东击西，有时虚晃一枪，虚虚实实，实实虚虚，搞得元军不知所措。就这样与元兵反复争夺，持续周旋，时间长达3个月。时间一长，元军感到夺取和州已无望，才稍稍退去。但和州城中乏粮，元军遣兵分屯高望、新塘和青山、鸡笼山，切断粮道，妄图以此封锁住义军的后勤补给线，饿死和州义军。

朱元璋亲自率兵打通粮道，李善长又在朱元璋出战的时候督兵打退了元兵的进攻，这样才使郭子兴占领和州后的局势基本上稳定下来。这样一来，朱元璋就有了一块更加坚固的根据地。

至正十五年（1355年），和州保卫战取得了胜利，但也劳师动众，亟待休整。就在这个节骨眼上，驻守在濠州的孙德崖部队遇到了极大的困难，由于不得民心，又不善经营，部队发生空前的粮荒。因为缺粮，孙德崖带领几万人马来到和州城外，前来讨口饭吃。他让队伍分驻在和州郊外的农家，自己带一些亲兵请求入城，说是暂时住几个月就走。

和州城中大战刚停，也是人困马乏，粮食不足。朱元璋很是为难，因为他知道郭子兴与孙德崖不和，而且孙德崖又带着几万人马在城外陈兵，留他们下来，怕请神容易送神难；如果拒绝，又怕孙德崖狗急跳墙。同时，元军正隔江虎视，如果与孙德崖火并起来，元军便会有机可乘。

朱元璋权衡再三，最终答应了孙德崖的请求，为城外的军队送去了粮食。

这件事被一些与朱元璋不和的人传给了郭子兴，这些人诬告朱元璋投靠孙德崖，说朱元璋与孙德崖一起把酒言欢。郭子兴本来就疑心很重，听了之后火冒三丈，当即便带着一小队人马赶向和州，要向朱元璋"督军"问罪，要找孙德崖算账。

朱元璋料到依郭子兴的脾气，肯定会连夜赶来，于是吩咐手下人："主公白天不来，晚上必到，不管什么时候，一定要及时禀报，我要亲自去迎接。"郭子兴果然是晚上赶到和州，但守城的人因和朱元璋有矛盾，并没有遵从朱元璋的吩咐，而是故意先让郭子兴进城，在馆舍安排好之后才派人去报告朱元璋。朱元璋听说郭子兴已经进城，知道中了暗算。

当下，朱元璋急忙赶往郭子兴的住处。一进门，就跪在地上，不敢吭声。郭子兴满脸怒气，故意不理睬他，过了好长时间，才突然问道："你可知罪？"朱元璋压低声音说："我就是有罪，家里的事迟早好说，外面的事要紧，得赶快拿个主意。"郭子兴忙问是什么事，朱元璋站起来，上前附在他耳朵边上说："孙德崖在此地，他的人马比我们多。上次主公蒙难，我们闯进他家救驾，杀了他的祖父，丢了他的脸。现在听说主公到了。一旦动手报复怎么办？我主要是从大局考虑，想当初孙德崖把你留在濠州，并没有伤害你，最后还把你放了回来。现在他有难，大家又都是红巾军，不留下实在说不过去，而且将在外，如果什么事儿都向你报告，会误事的，我这么做，也是想化解你与孙德崖之间的矛盾。"郭子兴一听这话，才知道朱元璋并没有与孙德崖结成一伙，就消除了对朱元璋的怀疑，气也消了，脸色稍稍好了些。他命令朱元璋回去做好防范工作。

朱元璋虽然已经预料到郭子兴会乘夜前来，却没有预料到守城的将官与自己不是一条心，可以说这是一大失误。因为守城门一职，非同小可，不是亲信怎么能够放心呢？但是朱元璋却也有自己的苦衷，他本来就是郭子兴任命的将领，还是得听命于郭子兴，那些将领本来就是郭子兴的人，如果朱元璋一上来就把这些人撤换，无疑会对起义军内部的团结造成影响。虽然这是一个失误，但是也不能不说是朱元璋在审时度势之下的一种妥协。

孙德崖的耳目向孙德崖报告了郭子兴到和州的消息，孙德崖以前扣押过郭子兴，担心郭子兴前来报复。孙德崖非常不安，暗自核算：我虽然人多势众，但这里毕竟是人家的地盘，真的动起手来，恐怕占不了便宜，三十六计走为上。于是第二天天刚亮，孙德崖就派人向朱元璋告辞，说："你家岳翁来了，我们不便住在这里，准备把队伍带到其他地方去。"朱元璋试探着问："大帅为什么急着要走，何不多住些日子？"孙德崖解释说："你家岳翁很难共事，我还是早一点离开的好。"朱元璋说："大帅执意要走，我也不便强留。只是两军共处一城。一支军队忽然有大的行动恐怕容易引起误会，弄不好就会出现摩擦，是否让部队先走，大帅殿后，万一出事，也好出面处理。"孙德崖同意了。

　　孙德崖的队伍开始从城里撤出，朱元璋带了几名随从亲自出城为他的部队送行。不料刚走了十几里，朱元璋突然接到报告，说城里两军打了起来，死伤了不少人。朱元璋一听脸色大变，忙叫随从耿炳文、吴祯牵过马来，往回急赶。孙德崖的部将见朱元璋跑了，在后面紧紧追赶。朱元璋没跑出多远，就被孙军拦住了去路。孙军揪住朱元璋的马缰绳，质问他为什么在城里纵人行凶，杀自家弟兄。朱元璋有口难辩，趁人不备勒马就跑。逃了一阵，被追兵赶上，中枪落马。孙德崖的弟弟正要举刀砍杀，孙军中一个姓张的人与朱元璋熟悉，忙上前挡住，说："孙大帅还在城里，我们杀了他，孙大帅也活不成，不如先派人进城看看再说。"孙德崖的弟弟派人去打探，知道孙德崖正被锁着脖子与郭子兴喝酒。郭子兴听说朱元璋被俘，慌了手脚，急忙派徐达等几个人前去与孙德崖的弟弟交涉，让其放了朱元璋，来交换孙德崖。双方都不肯先放人。最后还是那位姓张的给出了个主意，把徐达留在城外做抵押，换回朱元璋。朱元璋回城后放孙德崖，孙德崖出了城，再放徐达。朱元璋这才脱险回到城中。

　　迫在眉睫的火并，总算没有发生。

　　朱元璋从濠州红巾军部队中脱离出来、打下了滁州与和州之后，亲自担任了这两个地方的军事长官。朱元璋的第一项措施便是：抚定全城，安定人心，准备长期坚守。其次是整顿秩序，严明纪律。

朱元璋亲自创建和整训出来的部队纪律是很严明的，但随后而来的郭子兴的旧部却往往是带着顽固的旧习气。由于滁州是朱元璋的部队打下来的，军纪严明并没有出现扰民现象；而攻打和州，却是郭子兴的妻弟张天祐等人担任主攻，加上其他一些旧将领恶习不改，便出现了不少扰民的严重违纪现象。

这一天，身为和州总兵的朱元璋早起视察和州城防。到了街上，发现了在府前的上马台前蜷缩着一个小男孩，身边放了一只要饭的篮子，样子非常可怜。朱元璋本身也是穷孩子、苦人家出身，便产生怜悯之情。他就走上前去，向这个孩子询问，哪知不问则已，一问才知道小孩的父亲被强征去喂马，母亲则被城里的军官霸占了。

朱元璋听后气得浑身发抖，他就是因为对这样的事情看不惯，才从濠州城内的队伍中脱离出来的，现在郭子兴的一些老部下又出了这样的事情，怎么能不令他气愤呢？朱元璋马上回到了自己的府衙，召集部将范常，询问部队的详情。范常把部队的抢劫行径告诉了朱元璋。朱元璋意识到事态非常严重：如今刚把城池攻下来，立足未稳，就出了如此扰民的事，老百姓怎么会愿意？如果老百姓都不支持自己，以后还怎么在这座城里待下去？

朱元璋火速下令，召集全体将士在点将台训话。他站在台前对他们严厉训斥，并重申了几条战场纪律，命令所有在攻城前后所抢的妇女，都要将其放回家，如果有隐匿抗命者，一律军法处置。

第二天，朱元璋命令全城的男子都集中到了府衙门前，让被释放的妇女从列好了队的男子面前走过，夫妻相认，于是很多被抢的妇女都得以团聚。老百姓看朱元璋如此处置，很是兴奋，认为终于来了自己的队伍，终于可以安心生活了。

朱元璋这番果断而迅速的处置，平息了老百姓已经滋生的对军队的不满情绪，更为军队上了一堂生动的爱民思想课。因此，他在当地的民众之间树立了很高的威信。

经过此事，朱元璋更加认准了一个道理：虽然元朝的军队强大，统治严厉，法律残酷，但是人民都不畏生死，群起而反之，最主要的原因是其丧失了民心，丢掉了立足的根本所在。

元朝的统治虽然严密，但是却把人民逼到绝境，没有了活路，所以人民才会不害怕严酷的刑罚而起来反抗。这种道理同样适用于刚刚兴起的红巾军。红巾军打出的旗号本来是反对元朝暴政的，本来就是为穷苦老百姓做事的，是老百姓的军队，这是红巾军之所以受到老百姓拥护、吸引众多贫苦人参加并为之奋斗的重要原因。朱元璋体察入微，果断下令，解决军纪军政之大事。从这件事中，朱元璋认识到了民心向背，并有了整饬军纪、在军队中立威的决心。

朱元璋是穷苦人家出身，对欺淫妇女、凌虐百姓的事情深恶痛绝。过去他虽然强调过这个问题，却只是在训练中做了一般性的强调，所以平时虽有约束部队的作用，却没经过战场检验。在队伍中的一些单身将领经不起考验，违犯了战场纪律的情况下，他抓住事实立即进行教育，再次下达严令，使士兵和将领们看到了他整治这件事情的决心，受到了现场教育，军纪为之一振，扰民的事情自此再少出现了。

朱元璋才能过人，不仅骁勇善战，而且还善于运用智谋，深受郭子兴的重用。然而，郭子兴手底下的那一帮老部下对他并不服。他们总认为朱元璋不过一毛头小子，论资历也没有自己老，所以并不愿意听从朱元璋的调遣。

在这一批人中，以郭子兴的妻弟张天祐为首。由于在攻打和州的时候，张天祐率先攻入城内，所以，他自认为立下了头功，以功臣自居，气势凌人。张天祐被那些反对朱元璋的人奉为秘密的首领。虽然朱元璋有徐达、汤和等人的支持，但是作战之事，却需要各个将领同心协力，才能取得良好的作战效果，如果自己内部不和，等于战斗还没有打响，就把自己置于必败之地了。

既然身为总兵，被郭子兴授予了统兵权，朱元璋就要想尽办法处理好与这一帮老将之间的关系，让他们口服心服地听从军事调度。由于这些老将中很多人是郭子兴的嫡系，使得朱元璋处理起事情来非常棘手。但是既然身为和州的守将，就要切实地负起责任。经过一番仔细考虑之后，朱元璋想出了一个立威的好办法。

由于经常与元朝军队作战，战前军事会议就成了一项必不可少的内容。会议是在堂上召开，而在堂上座位的排列又极为讲究。

朱元璋打算通过军事会议的好机会来实现立威的目的。朱元璋秘密命令自己的亲信把会议厅里体现官职等级的椅子挪出去，换上长木凳子排列在两侧，以体现平等无别。等到第二天开会的时候，朱元璋又故意迟到，让那些将领自挑座位，这样，等到朱元璋来的时候，就只剩下一个最右端的座位了。按照礼仪，这是最末等级别的一个位置，说明了将领们压根就没把他当回事。朱元璋没有表现出任何的不满，不动声色地走到座位上坐了下来。

会议讨论的是如何面对严峻的战场形势，朱元璋要将领们先各自发表作战方案。那些平时夸夸其谈而无真才实学的将领个个呆若木鸡，显得十分尴尬。坐在边角末座的朱元璋站起来侃侃而谈，向将领们陈述了自己的观点。这些观点不但有条有理，而且切实可行，听后这些人纷纷表示同意。这样的会议开的次数多了，朱元璋的威信逐步树立起来了。众将领逐渐意识到朱元璋确实有大将之能，就主动地把正座留给了朱元璋。

朱元璋最终坐上了主帅之席，但纵然如此，朱元璋面对的仍然是众将们并不积极的合作。朱元璋是明眼人，他深知这些部队的将领主观上虽然已经承认自己的主帅地位，但是由于这支队伍的客观局限性，决定了他们并不能彻底贯彻执行军令。

从当时的情况来考虑，这些将领也不可能拿着自己的性命开玩笑，正是由于农民起义军本身的素质不高，再加上农民本身所固有的懒散，而且将领们大多注意不到这个问题，才使得军令难以执行。有更多的人总在看着朱元璋，与他攀比，仿佛一切都要朱元璋如何如何，然后他们才知道自己应该如何如何。朱元璋分析了这种现象之后，很快便找到了一个适当的机会来解决这一问题。

为了加强和州的防御设置，城墙需要重新修整，朱元璋把城墙分成了10段，他命令每个将领承包一段，规定在3天的期限里修好。谁知等到3天之后，朱元璋把人都召集过来，一段一段地检查，众将这才发现，只有朱元璋所负责的那一段城墙完工了，而其他将领负责的城墙修复工作进展非常缓慢，有的才刚刚着手，有的刚修了一点又撂下了。朱元璋见状之后一声不哼，带领着队伍来到了议事厅。

到议事厅之后，朱元璋把正座腾了出来，把郭子兴的委任状放了上去，带领着众人拜了几拜，众人见朱元璋如此尊崇郭子兴，也跟着拜了下去。等到拜完了，朱元璋转过身来，脸色一沉，严肃地对众将说："我做和州的总兵，是由郭帅决定的，并不是我自己封的，大家都听从郭帅的命令，我朱某人也听郭帅的命令。元帅大人命令我做总兵，我就要行使职权，执行纪律，拿违令者是问！我本该拿违令失期、拖延修葺者治罪，但念大家都是元帅旧部，首次违令，暂不追究。但从今以后，我所下的命令都要坚决执行，如果再有违抗者，我就要行使我的总兵权力，以军法治罪，别怪我言之不预也！"众将闻言观色，只觉得朱元璋凛然难犯，这才体会到朱元璋的威势，纷纷连连称是，无不应承。

从朱元璋立威的手段和处理的效果来看，朱元璋不但懂得身体力行，同时也借助于郭子兴的权威来服人。从大局着想，据理力争办大事，这正是朱元璋从一个普通士兵上升为一支军队的统帅，又削平群雄、统一天下的重要原因。

第六节　大局为重

朱元璋在滁州励精图治、整顿军队之时，郭子兴却又面临着新的危机。

郭子兴第一次被抓获救之后，凭着与彭大的关系在濠州城中暂时安然无恙，可是到了后来，彭大身亡，郭子兴却再次陷入了困境。

在朱元璋外出发展部队的同时，彭大、赵均用、孙德崖也联兵攻下泗州和盱眙，并将郭子兴也一同挟持到了泗州城。在一次火并中，彭大被流矢击中，流血过多，不治身亡，形势瞬间急转而下。由于红巾军内部对立，所以两派之中一旦有所变故，大局就会出现失衡状态。虽然彭大的位置由他儿子彭早住接了过来，但彭早住初出茅庐，在以赵均用为首的孙、俞、鲁、潘集团面前根本没有气势，反而还被他们趁机控制住了，拉走了彭大生前拥有的大部分部队。赵均用和孙德崖为此自高自大，企图杀掉郭子兴。

赵均用、孙德崖等之所以一时不敢对郭子兴下手，原因是朱元璋已攻下了滁州，手中有几万人马。他们不仅想除掉郭子兴，还想除掉朱元璋。赵均用、孙德崖曾派人请朱元璋驻守盱眙。朱元璋经过分析后做出决策，既不出兵盱眙，也不发兵打泗州，以免中计。他只派特使去见赵均用，劝他不要忘记因徐州兵败逃到濠州时郭子兴对他和彭大的延纳之德，更不要听从小人谗言，自剪羽翼，失去豪杰之心，做大丈夫不为之事。朱元璋晓之以理，动之以情，陈说利害关系，称杀一个郭子兴容易，但郭子兴部属兵马尚众，一旦杀了郭子兴，郭子兴的部属不会善罢甘休，一场火并也不可避免。红巾军派系尚多，难免不会有人坐山观虎斗，以收渔翁之利。

朱元璋这一番外交辞令是以几万兵马做后盾的，赵均用等人不得不三思而行。朱元璋担心此种"威逼"行不通，于是又加上了一个"利诱"，来个双管齐下，"双保险"。

朱元璋派出使者给赵均用的身边亲信们送去了金银珠宝，美女娇娃，施以重贿，让他们帮助说情。赵均用的这些亲信最终说动了赵均用，赵均用放了郭子兴，让郭子兴带着自己的一万部众来到滁州。

朱元璋首先带兵迎接郭子兴入城，使郭子兴惶惶不安的心情先放松下来，然后又宣布把兵权全部交给郭子兴，并举行阅兵式，进一步地安慰了郭子兴。

朱元璋的势力发展迅速，不但有了自己的根据地，还掌握了一支人数远远多于郭子兴的军队。在这种情况下怎样对待郭子兴，就成了考验朱元璋为人处世的关键。朱元璋把权力交给郭子兴的做法体现了他的做人之德，为人之善。

当然，任何事情都可以从不同的角度来分析，从某种角度上来讲，我们有理由相信朱元璋之所以这样做是另有目的的，是有深层考虑的。譬如他出道比较晚，自己的亲信也没有完全培植起来，身边掌大权者多是郭子兴的旧属下，如果在这个时候兵变夺权那绝对是不明智的。

按照这种说法去推论的话，朱元璋应该说是一个非常精明的人，审时度势的同时不忘还人人情，让人露脸。面对着种种巨大的诱惑，他并没有忘记隐藏在背后的危机，尽管这种危机只是有着存在的可能，郭子兴进城的这件事就有可能成为引发这种危机的导火索。当初，由于朱元璋带兵出来自己发展的时候，大部分的人都是从郭子兴的手下带出来的，因此，如果从派系来考虑，这些人并不能完全属于朱元璋的部下，他们的心或多或少地仍然忠于郭子兴。郭子兴是旧主，朱元璋是新主，一山不能容二虎，到底是该听谁的？郭子兴为人小气，绝对不肯居人之下，尤其是委身于自己一手带大的晚辈之下。二人当中势必得有一个人要做出让步，与其这样尴尬无奈地耗着，还不如来个干脆了断，直接把兵权交给郭子兴。一则可以报郭子兴的知遇之恩，二来也可以保证军令、政令的统一，还能使郭子兴的内心得到极大的满足和欣慰。

朱元璋有没有别的野心姑且不论，但郭子兴却没有理由不产生疑虑和防备。由于朱元璋威信很高，又有建军建政的大功劳，这使他自惭形秽之心油然而生，对自己在朱元璋心目中的形象问题非常敏感。在这种情况下，他常常嘴上责骂着自己手下将领的无能，心里却先自生出了一丝妒意。而他的手下将领面对朱元璋的业绩自然妒火更盛，在受到郭子兴责骂后，甚至酿成了忌恨。这种因素必然会促使滁州红巾军产生新的矛盾。

郭子兴到滁州后不到一个月，便有人在背后诬告朱元璋对元帅不尊。郭子兴器量小、不能容人的老毛病又开始发作了，对朱元璋又是横加指责。也许是郭子兴怀疑朱元璋势力逐渐增大，而自己又年事已高，日渐衰老，其原来的亲信和子侄辈，如张天祐、郭天叙等都不足以与朱元璋抗衡。因此，郭子兴想要乘自己健在之时，牢牢地控制住主帅大权不至于落到旁人手里。所以，郭子兴对朱元璋的态度是：既要充分发挥其作用，又须尽力限制其力量的膨胀。这种想法和做法本身就是矛盾的，所以与朱元璋发生摩擦与对立也是在所难免。

首先，郭子兴采用釜底抽薪的办法，把原来在朱元璋周围任事的人员全部调到主帅府工作，使朱元璋的幕府失去了存在的基础。其中只有李善长一人不愿意调离，泣诉于朱元璋面前，朱元璋曰："主帅之命弗可违也。"但李善长终不愿去，后来也没有再调。

其次，凡"四方征战，总兵之权"，他把朱元璋的权力限制到了最低点，即使是一个小小的"总兵"职位，朱元璋也没有任命权，凡是重大决策一律不让其参与。

再次，郭子兴考虑自己名声尚微，不足以弹压诸部，因此，亟欲据滁州称王，借此抬高身价。称王之议被朱元璋否决后，他便派张天祐至亳州，请小明王命他为都元帅。小明王是宋国的皇帝，白莲教首领韩山童的儿子韩林儿至正十五年（1355年）二月被刘福通拥立为王，国号宋，建都亳州，建元龙凤。

到了最后，郭子兴甚至把朱元璋关了起来，不给吃的，朱元璋的夫人马氏给他送吃的，因为怕别人看见，把热的饼子揣到了怀里，还把胸口烫坏了一片。但是朱元璋对郭子兴始终没有反抗，对郭子兴的做法，朱元璋知道现在需要的是忍耐，以解除郭子兴对他的戒心，仍然秉承着"知恩图报"的思想，耐心地以自己的行动消除郭子兴的疑心。

郭子兴对朱元璋日渐疏远，朱元璋不仅不存芥蒂，相反，仍亲近如家人父子，亦绝无怨言，并力争事之愈加恭谨，以心换心。在战场上，朱元璋更加兢兢业业，以身作则，破除谗言。不料又有老资格的将领指责朱元璋作战不力，畏缩不前，郭子兴相信这种无中生有的诽谤。

一天，郭子兴让一位为首的姓任的将领与朱元璋一起出战元军。朱元璋到了战场上奋勇向前，无人能挡，而这位背后诬告的任姓将领却只走出城门不远，便以被箭射中为由，退了回来。朱元璋勇往直前，杀退了一拨又一拨的敌兵。郭子兴看到姓任的将领身上并没有受伤，这才知道是姓任的将领造谣生事，意识到自己被愚弄了，很是惭愧。至此，郭子兴才有所醒悟。

朱元璋始终坚守自己的原则，作战时，总是奋勇争先，身先士卒。军中有所获，自己一无所取，不肯像其他将领那样给郭子兴带来金银财宝，这一点又让心胸狭窄的郭子兴很不高兴。马氏知道内情后，看出了郭子兴的心思，便设法将军中所获全部献给郭子兴的次夫人张氏，同时马氏自己还更加和顺地伺候张夫人，张氏给郭子兴吹了枕边风，郭子兴才消除了对朱元璋的疑虑。

这一段时间是朱元璋参加义军以来最为委屈的时候，既要打仗，又要受审查；既立战功，又不落好，反而受诬陷。面对着自己救命恩人，也是自己的岳父，朱元璋实在很难做人。同时元军加强了攻势，对于朱元璋来说，一方面战场上形势逼人，另一方面却还要受郭子兴的猜忌，朱元璋极力平衡着两方面的关系，忠诚守信，并无怨言，显示了自己良好的操行。也幸亏朱元璋这样做，才使得郭子兴所统帅的这一支红巾军队伍始终保持着大体上团结的局面，在战场上连连克敌，未打败仗，朱元璋识大体、顾大局的品德由此可见一斑。

从至正十四年（1354年）三月郭子兴至滁州与朱元璋军合并后一段时间开始，延至正十五年（1355年）三月郭子兴去世前的一段日子，朱元璋与郭子兴之间的矛盾仍时有发生。从空间上看，包括滁州、和州两个地方，有时单独发生在滁州，有时单独发生在和州，有时则同时在两地发生。

郭子兴与朱元璋在滁州、和州所发生的复杂矛盾与郭子兴之死，对郭子兴这支义军变化和朱元璋的事业发展，无疑是头等大事，但文献记载闪烁其词，支离破碎。

综观史实，朱、郭之间的意见分歧和矛盾诚然很多，有时还闹到了相当尖锐的程度，可是在原则问题上，朱元璋仍然保持着自己的原则和立场，据理力争，寸步不让。郭子兴在自己威不高、势不大、诚信不服众的情况下，便想在滁州称王，朱元璋力持不可，郭子兴也没有再坚持下去。

至正十五年（1355年）出兵和州之前，朱郭之间还发生过一场严重争执。这场争论的中心问题是：滁州乏粮，今后到底应向何方和哪个地区发展。朱元璋认为，义军应当向和州发展。郭子兴开始不同意，由于朱元璋的坚持，才被迫同意。后来的实践证明，这个战略是完全正确的。

朱元璋在此节骨眼上，毫不动摇，不厌其烦地犯颜进谏，以至于忧愤成疾，犹不罢休，必达目的而后止，关键还是要保持战斗方向的正确性。

从当时的全国和江北的反元形势看，威高势大、足以领袖众人的仍然是小明王。徐寿辉、张士诚，尤其是近在卧榻的赵均用、孙德崖，其实力仍旧远比郭子兴强大。其中赵、孙二人几乎无日不在虎视眈眈，伺机收编郭子兴这支队伍，只因为有朱元璋在，所以才未敢轻举妄动。

朱元璋已在郭子兴的队伍中取得了举足轻重的地位，他的一举一动，一言一行，使包括郭子兴在内的任何人等都不容小视。没有朱元璋，郭子兴连生存都将受到威胁，根本谈不上发展。郭子兴自己日渐年迈，其最早的儿辈，如郭天叙等均不足有为，所以，朱、郭之间相互争执，实际仅能是郭适当压一压朱的咄咄逼人气势，使其不至于过早地抢班夺权而已。

凭着朱元璋的才智和胆识，这支队伍归他所有已是大势所趋，任何人都无可奈何。这期间，郭子兴采取过一些压制朱元璋的措施，可到头来，还是要依旧信任和倚重他。朱元璋所以能取得这次较量的胜利，也并不完全是由于他们夫妇用诚心感动了郭子兴夫妇，其主要原因还是朱元璋通过几年的浴血奋斗所建立起来的功业，使郭子兴等人不能不认真对待。

与其说朱元璋是淮西起义军将领郭子兴的部下，还不如说郭子兴是他的部下。因为在多次战争决策与战斗实施过程中，无不是朱元璋在起着主导作用，而郭子兴却只是充当了傀儡的角色。朱元璋大仁大义，受人之恩涌泉相报，即使是在郭子兴怀疑和迫害自己的同时，也是尽忠尽职，效犬马之力。

郭子兴曾属于红巾起义军将领刘福通管辖，而刘福通又是韩山童的部下，在韩山童被元朝官兵镇压之后，刘福通接替了韩的位置继续扛着反元的大旗，进行反元斗争，并一度取得了非常好的效果。由于后来不能正确处理与地主阶级之间的矛盾，在元朝政府军与地方武装的联合进攻下，随着各地的起义军纷纷被镇压，刘福通的军队也暂时陷入了低潮。

至正十四年（1354年）下半年起，朱元璋援救赵均用、孙德崖解六合之围、保卫滁州。看到起义形势大有好转后，郭子兴、朱元璋各领本部人马，向外积极扩张势力。当时由于滁州缺粮，朱元璋就建议郭子兴先取和州，和州之地粮食充足，朱元璋一行人马施计巧取和州，由于张天祐和耿再成两支部队配合不默契，差点失去战争优势，让元军得了先机。幸亏朱元璋的军队及时赶到，前后夹击，使刚渡过护城河的元军纷纷落水，惨败而逃，很长一段时间不敢来犯，朱元璋也由此升任和州总兵。

过了不久，和州发生粮荒，元太子秃坚、枢密院副使绊住马及"义兵"元帅陈野先卷土重来，各率本部分别屯驻新塘、高望、青山、鸡笼山等要塞，切断和州粮道，四处设卡，不让运粮车队进入和州，妄图使和州缺粮少食，切断这支红巾军的后方补给线。但朱元璋身经百战，应对有方，他不是一味地死守，而是采取灵活的战术，亲自带兵出击和州西北，招降了鸡笼山的元军，使得元军断粮的阴谋没能得逞。元军无奈只好发动进攻，这一次又被朱元璋的部下李善长击败，朱元璋率部坚守3个月，最终秃坚见攻不下和州，只得撤往长江南岸。

至正十四年（1354年）到至正十五年（1355年）这段时间，明眼人都知道虽然表面上是郭子兴主持着滁州和和州的大政，事实上一切局面都是由朱元璋一手操办和创造起来的。

郭子兴之所以能够从孙德崖的手下逃脱，正是由于朱元璋的强大势力和威慑力，震慑住了孙德崖等人，而迫使他们不得不放人。

和州被攻打下来之后，主持政事及军事行动基本上都是由朱元璋一个人独立完成的，而郭子兴在和州的影响已经趋于削弱状态。这一系列的策划、谋略还有战争的胜利，都是朱元璋一手创造的，所以他实在是功不可没，同时也充分说明了朱元璋不仅有审时度势的能力，还有屡战屡胜、稳操胜券的把握，最终赢得了红巾军队伍离不开他的局面。

朱元璋在处理与郭子兴的矛盾中，有感于郭子兴的知遇之恩，多次救郭子兴于虎口，又在滁州忍受郭子兴的挑剔与分权。正因为朱元璋的原则与忍让并存，才保证了郭子兴的红巾军队伍的稳定，保持了滁州、和州两个根据地的兵力，为他攻打天下奠定了基础。

第七节　大元帅

至正十五年（1355年）三月，郭子兴病逝，其子郭天叙带领部下。小明王下诏封郭天叙为都元帅，张天祐为右副元帅，朱元璋为左副元帅。

接受了小明王的封帅之后，朱元璋的发展显示出蒸蒸日上之势。此时的朱元璋已经不再是依附郭子兴时那样时时受羁绊、处处受掣肘的受气角色了，而是成了与郭子兴的地位一样的统帅。虽然郭子兴去世后其影响仍在，而且郭子兴的儿子郭天叙也仍然占据着主帅的地位，但这些影响都由于朱元璋的接受封帅而不再成为问题。朱元璋既然掌握着实权，又得到了大多数部将的拥戴，完全可以借助于统帅的名分发展自己的势力。

那些由于郭子兴的去世而不得不另投明主的将领，大多选择了加入朱元璋一方，朱元璋的势力由此而变得越来越大。郭子兴的去世给了朱元璋这样一种契机，使他在发展势力的时候，再也没有以往的种种限制，可以甩开手脚、放心大胆地培植自己的力量了。

至正十五年（1355年）四五月间，朱元璋在和州坐镇指挥，接连打退了几次元军的进攻，并且，他个人也添了桩喜事。

都元帅郭天叙是郭子兴的正室大张夫人所生，而郭子兴的副室小张夫人生有一女，朱元璋初入红巾军时，此女年纪尚幼，此时已成人。此时连小张夫人都已看出这支部队最终将为朱元璋所有，过去朱元璋与郭子兴有分歧，她做内室的自然要跟郭子兴行事。现在，她认准朱元璋的前途不可限量，因此曾将养女马氏嫁给朱元璋，现在又把亲生女儿嫁给朱元璋，做了二房，自己名正言顺地做了朱元璋的岳母。这位二夫人就是后来的郭惠妃。好事成双，朱元璋的两名贴身侍卫是一对郭姓亲兄弟，此时奉父命，把自己刚成年的妹妹带到和州，让朱元璋收下做了三房夫人。新填的两房夫人都姓郭，朱元璋的正房马夫人又是郭家的义女，都与郭家沾边，不是巧合胜似巧合，堪称史上奇缘。

身在濠州的孙德崖得知朱元璋接替郭子兴成为义军统帅，十分气愤，要除掉朱元璋。孙德崖的部将吴通就献计道：朱元璋占有滁州、和州两座城市，气势旺盛，如果发兵进攻，实为不利。摆下鸿门宴，乘机除掉他。孙德崖连连称妙，便修书一封，派人送到和州。朱元璋接到信后，明知是计，但仍决定前往。部将徐达告诫道："孙德崖桀骜无赖，恐有诈谋，元帅不宜前行。"朱元璋说道："鸿门宴上刘邦也不曾被害，只要有适当的人护卫，就不用担心。"部将吴祯愿随朱元璋前往，两人便带少许士卒去濠州赴宴。为防万一，朱元璋令徐达、胡大海率军驻屯濠州城外，以便随时接应。

在酒席上，孙德崖威逼朱元璋交出帅印，朱元璋针锋相对。孙便喊出埋伏的武士，吴祯抢先制住孙德崖，和朱元璋一起出了城。胡大海、徐达早在城外接应朱元璋，殿后的胡大海趁机杀了孙德崖，朱军进占了濠州。

兵法上说：凡敌有谋，我从而攻之，使彼计衰而屈。朱元璋正是用了将计就计，反算对手的高招。他与孙德崖争夺帅位的斗争是迟早要来的，两人也只能留下一个。如果朱元璋不去赴宴，在心理上就先输一势，让义军们瞧不起，给孙德崖留下口实。所以，他冒险一去，而又精心准备，趁对手以为大功告成，防备松懈的时机，一举反击，以微小代价解决了争端。且对手无礼在先，他吞并在后，不致在义军中造成恶劣影响。

至此，朱元璋的实力大增。他手下已经聚集了一批能人，他们能文能武，谋士武士一应俱全，实力已经明显扩大了，仅仅占据着滁、和两州等地已经不足以提供更大的发展空间，需要更大的根据地以图霸业。

早在朱元璋刚刚离开郭子兴独立闯荡，进军滁州的时候，在关于是否建立一个稳固的根据地的问题上，冯国用给朱元璋提出了非常重要的建议。冯国用认为集庆（今南京）虎踞龙盘，是王者之都，得到这个地方，将可作为根据地，在此经营，然后可以四处出击，荡平天下的敌人。为了实现占领集庆的目标，冯国用还指出：在目前的情况下，只有通过安抚民心，使得万民归顺，才能达到占领集庆的目的。

但当时朱元璋还是郭子兴的部下，凡有大的军事行动他都需要向郭子兴请示，如果郭不答应，朱元璋是很难采取行动的。郭子兴不能容人，也不允许他的部下比他强，因此，如果说朱元璋在那个时候提出攻取集庆，那肯定是自讨没趣。这个计划一定会受到掣肘，所以朱元璋就选择了进攻和州，而不是进攻集庆。但是现在好了，随着抗元斗争的发展，以及郭子兴去世后自己受封于小明王，朱元璋成了宋政权的一个将军，也就有了自我发展的能力。此时经在滁、和一带打了几次胜仗，朱元璋明显体会到自己的发展空间实在太有限了，根本不可能再扩大势力，军队的粮草是发展受限的显著标志，这一切都促使朱元璋把建立一个巩固的根据地作为首要目标，重新转移到冯国用以前所提到过的经略集庆这一战略步骤上来。

在冷兵器时代的战争中，根据地起着至关重要的作用。它是军队的最佳防守阵地，最具天时、地利、人和，进可攻，退可守。如果在战争中参与战斗的一方没有一个稳固的根据地作为后盾，将会遇到非常大的麻烦，自己的粮草、兵源将得不到保证，而这两项却正是保证一场战争胜利的首要因素。自古就有兵马未动，粮草先行之说，如果没有后备援军，被困的士兵还可以坚持一段时间待援，但如果是缺少了粮草，则是一天也坚持不下去，要想继续发展，必须有一个民康物阜、资源充足的丰饶之地为后方依托。

考虑到对更大的根据地的紧迫需要，考虑到集庆地区的诱人前景，朱元璋决定打过长江去，进攻集庆。集庆虎踞龙盘，形势险要。历史上孙吴、东晋、南朝都曾在此定都。而且，以集庆为中心的江南地区是当时全国最大的产粮区，资源丰富。当朱元璋向众部将透露了自己的想法之后，李善长也非常高兴，而且他思考得似乎更多一些。在经过分析之后，李善长却不无沮丧地告诉朱元璋：虽然我们的战略目标很正确，但是却有着致命的缺点，那就是我们没有足够的船只发动进攻。朱元璋也知道缺少船只是自己的硬伤，因此非常着急。

真是天遂人愿，正在朱元璋为没有渡船而发愁的时候，士兵忽报巢湖水寨的红巾军首领李普胜、赵普胜派部下俞通海找上门来，请求救援。朱元璋眼睛一亮，兴奋地冲着李善长、徐达等人说："天助我也！巢湖水师自天而降，我的大事可以成了。"

原来，当刘福通红巾军起义的时候，彭莹玉的门徒金花小姐和赵普胜、李普胜在巢湖区域起兵响应，庐州巢县的俞廷玉和三个儿子俞通海、俞通源、俞通渊等人前往归附。赵普胜据守含山寨，李普胜据守无为州，他们联合附近另一支起义军首领廖永安、廖永忠兄弟，势力迅速壮大。后来，金花小姐战死，赵普胜和李普胜等人退守巢湖，建立水寨，拥有大小战船一千多艘和水军一万多人。因为这支红巾军的首领是彭莹玉的门徒，人们也把水寨叫彭祖水寨。当初，他们与另一位起义军首领左君弼结势联合，但左君弼攻取庐州后割地自保，投降了元朝，反过来攻打他们。赵普胜等人怕被左君弼吞并，就先后三次派人向朱元璋求救，表示愿意投靠。

这是一个绝好的消息，朱元璋喜出望外，他亲自赶到巢湖水寨，劝说李普胜、赵普胜二人跟随自己一同抢占江南、进攻集庆。李普胜、赵普胜二人觉得以目前的形势只能如此，也就同意了。朱元璋一下子得到了水师一万多人，船只一千多艘，外带着大量的粮食。

按理说，进攻集庆的条件已经完全具备，连多谋善断的李善长听到了这个消息，也忙向朱元璋进言，说是上天的旨意，现在进攻是最佳时机。而此时朱元璋反而冷静下来，一生都主张持重的朱元璋，打仗更是谨慎行事。攻打集庆是一场硬仗，他是绝对不会盲目进攻的。朱元璋经过反复思考，征求了李善长等人的意见，说出了自己的想法：先取采石，占据险要，再克太平，扫清外围，最后顺流而下攻打集庆。朱元璋说："采石像一个龟头，突出大江，形势险峻，为集庆上游的咽喉，攻取集庆必须先拔掉这个'钉子'。从历史上看，西晋武帝司马炎灭东吴，南北朝侯景灭萧梁，隋朝大将韩擒虎灭陈，北宋大将曹彬灭南唐，都是先取采石，再克建业的。"

正如朱元璋所说，如果直接进攻集庆，会冒很大的风险，弄不好还可能会全军覆没；如果进攻采石，则是最稳妥的进攻策略。因为采石山突出于大江南岸，地势险峻，扼守着集庆的上游地区，恰似集庆的咽喉，得了采石，再攻太平，抢占险要之地，再取集庆简直就是易如反掌，而且有利于集庆攻克后的防守。此计一出，众将都觉得有道理，连连称是。

于是，先定采石，再攻太平，最后攻打集庆的战略形成了。

大战即将开始的时候，朱元璋在城郊巡视时，又收留了一员猛将。他就是怀远人常遇春。

常遇春出身农家，自幼喜欢习拳练武，长大后武艺出众。他膂力过人，擅长骑马射箭，能百步穿杨。至正十二年（1352年），他参加了本县刘聚的起义军。刘聚见他武艺高强，任他为十夫长。但时间一长，常遇春发现刘聚只满足在附近乡里称王称霸，掳掠财物，没有远大志向，因此萌发了另择明主的念头。

一次，他带着一帮人到和州城外去寻找食物。到了中午，由于困乏，他仰卧在田间一棵大树下睡着了，据后人讲他还做了一个梦。在梦里，有一位身披铠甲，手执金盾的神人走到他面前，大声说："起来吧！你的主公就要到来，快快起来吧。"常遇春随即惊醒。这时正好有人带着护卫从前面走过，他连忙起身上前拜迎，互通姓名之后，才知道站在眼前这位年龄同样不大，但是一身正气的年轻人就是朱元璋。他早就听说朱元璋的大名，现在邂逅，真是大喜过望，恳请朱元璋把他收入帐下。为表示诚意，他自荐愿做先锋。虽然朱元璋一见面，就对常遇春产生了好感，但只因不知底细，没有贸然答应，而是以探询的口吻问："你是因为缺粮才投奔我的吧？你的主人还在，我怎么能收留你？如果你真是有诚意的话，那以后再跟我也不迟。"常遇春一听，竟然急得直跺脚，他说："刘聚只会打家劫舍，成不了大事业。我心甘情愿跟随您，出生入死，绝无怨言！"朱元璋见他态度坚决，这才勉强答应下来。常遇春后来在明朝开国武将中位列第二，仅次于徐达。

在做好准备之后，朱元璋开始了实现战略计划的第一步，攻打采石。

朱元璋调集赵普胜的水师从巢湖前往和州一起攻打采石，赵普胜却在前往和州的途中突然反悔起来。赵普胜善使双刀，曾是叱咤巢湖的一员猛将，如今却要寄人篱下，受制于一个年轻人，心里很不是滋味，于是想拉出队伍，再去自己闯荡。赵普胜对手下人透露了这个想法，有人向朱元璋告发了他。朱元璋马上采取措施，控制了赵普胜的部队，并派人监视他。赵普胜见他的意图被朱元璋察觉，连夜带了几个亲信，渡江投了徐寿辉。

为防止夜长梦多，朱元璋想立即把船队带出巢湖。他们打算通过马肠河口出去，但不料元朝江南行台御史中丞蛮子海牙在这里布设了重兵，阻挡了他部队的去路。只有一条小河道未被封锁，又因水浅而大船无法行驶。如果这时与蛮子海牙硬拼，并无获胜把握。天无绝人之路，正在朱元璋犯愁的时候，这天晚上忽然电闪雷鸣，狂风大作，顿时雷雨交加。一夜之间，河水猛涨，舟行无阻。朱元璋立刻命人带领全部水师驶离巢湖，向和州地区进发。蛮子海牙发现后，挥师追赶。朱元璋命廖永安、俞通海等人断后，挫败了追兵。朱元璋把巢湖水师带回和州，从此他有了水军。

为了确保渡江作战的胜利，朱元璋认为先要消灭蛮子海牙的水师，以免渡江时腹背受敌。于是朱元璋任命廖永安、俞通海为水军统帅，加紧训练这支刚加入义军的队伍，他还调集了一批商船，挑选精兵，演习水战。

至正十五年（1355年）五月中旬，朱元璋率战船抵达峪溪口蛮子海牙驻地，指挥水师作战。由于蛮子海牙的楼船高大，行驶不便，廖永安等人驾驶轻舟，左右冲击，采用游击战术搅乱了元军水师的阵形，朱元璋的主力乘机大举进攻，结果义军大获全胜，而蛮子海牙则狼狈败逃。从此，水上的潜在威胁已经不存在了，朱元璋可以放心大胆地挺进采石了。

渡江前，朱元璋命令把所有将士的家属全部留在和州，他自己也不携带家属出征。他对这种做法的解释是为了保护家属的安全，其实是把这些将领的家眷作为人质留在大后方，防止将士叛逃的一种招数。他还发布了一项筹集粮食的命令："进入敌境后，任凭捎粮。攻城时遇到抵抗，将士可以检括；如果敌人投降，即令安民，一无所取。"捎粮是一种征粮于民的做法，即在敌人境内的乡村张贴告示，招安百姓，让他们纳粮。这是筹集军粮的主要手段。检括就是指抄掠。

至正十五年（1355年）六月初二日，朱元璋带领李善长、徐达、汤和、常遇春、邓愈、冯国用、邵荣、耿君用、廖永安等文武官员乘风渡江。一千多艘战船扬帆竞发，朱元璋与廖永安的船在前面开路。按照朱元璋的命令，大军直抵采石旁边的牛渚矶。牛渚矶位于采石南部，元军在采石设重兵把守，这里的守军相对薄弱。靠近牛渚矶时，元军用弓箭猛射，船队无法靠岸。这时，朱元璋突然想起常遇春投奔他时的誓言，便命他去冲锋，以证明他的忠心。常遇春接到命令立刻行动，独自一人驾舟飞驶上前，强行靠岸，挥戈直刺守军。岸上守军见他单独闯阵，便想将他活捉，邀功受赏，于是抓住了他的戈矛，不想常遇春顺势跃上江岸，呼喊着杀向敌阵。元军被他的这种无畏的举动吓破了胆，纷纷后退。朱元璋指挥众将士乘机登岸，然后一鼓作气向北横扫，攻占了采石。

采石城是一个比较富庶的沿岸城池，该城一破，红巾军以千军万马之势如潮水一般涌向城中的各个角落。对于久困和州、粮食供应紧缺、吃过伙食供应不足苦头的将士来说，出现在他们面前的那些牲畜、粮食，在他们心目中比任何东西都珍贵，尽管军纪严明，但出于囤粮为公的心理，他们都还想把所有的东西抢到自己的部队里去，因而采石城破之后，各路将士争先恐后，不管是仓里的还是囤里的，也不管是官家的还是平民百姓的，无论粮草衣服，猪马牛羊，统统你抢我夺，抢到手的就往船上装载，弄得满城鸡飞狗跳，此时军纪已难以约束，将士们全抢红了眼，此时就是杀上几个人也难以遏止。

将士们心同此理：饿苦了，饿怕了的他们，就是死也要饱掠一番，以便能吃上一段时间的好饭。朱元璋赶紧把几位将领叫到跟前，对他们说："今天出师顺利，应该乘胜攻打太平。如果听任将士搬运财物回和州，就会前功尽弃，再想过江就绝非易事了。"接着，他让人把徐达叫到面前，吩咐道："我们经过千辛万苦，如今好不容易才有今天这种局面，前面还有事要做，还有许多的仗要打，大家努力向前看才是正理,像这种打家劫舍的样子怎能成就大业?大家都以抢点财物回去为满足,还说什么下江东,占金陵,成大事!你赶紧带人去砍断缆绳,把装财物粮食的船只推到急流去。"徐达是朱元璋手下极善用兵的一位大将,从小跟朱元璋一起长大,对朱元璋的想法更是了如指掌,自然明白要行军打仗不能背这些财货的包袱,于是领命放船。将士们赶到江边装货,发现好多满载和未满的船只顺流漂走了,不觉十分诧异,不知是何因何故,都惊呆了,秩序一下子好了起来。

这时,朱元璋说:"我们渡江是为了成就大事,不能贪图眼前的这些小利。前面有个地方叫太平路,那里的财富比这里多上百倍。大家应该继续前进,攻下太平,那时候再好好享受一番。"经过一番鼓励,将士们冷静下来,抱怨也算消退了。

朱元璋是个重军纪的人,他为自己军中的一些未直接管辖的部队犯忌而生气,于是抓紧派人组成了纠缉队在街头巡逻,城中秩序才渐归平静。接着便是犒赏军队,好吃好喝,饱餐一顿。酒足饭饱之后,红巾大军又开始向太平出发了。

占领了江南重镇采石之后,朱元璋的红巾军就成了插入到元朝江南地区的一把尖刀,以凭江而守的有利地位,使得元朝的追击部队面临着渡江作战的不利情况。在采石地区,朱元璋进可以在此发兵,进攻集庆等江南重镇,退可以在战局极端不利的情况下再次回到江北岸,从而立于不败之地。

接着,朱元璋开始战略计划的第二步,进攻太平。

太平在采石东南,相距只有20多里。几个时辰的工夫,朱元璋的大军即兵临城下。守城的元平章完者不花与佥事张旭等弃城逃遁,万户纳哈出交战被俘,太平被朱元璋的军队攻占。

经过采石的士兵抢夺财物的事件后，朱元璋担心在攻占太平城之后军队会有同样的行为，便在从采石出发之前命掌书记李善长紧急起草了《戒缉军士榜》，意在约束军队，防止扰民。果然，在太平城，战斗刚一结束，士兵们正准备动手抢掠、大发横财的时候，却见城中的大街小巷贴满了榜文，上面赫然写道：敢有抢掠财物杀害百姓者，杀无赦。

这份《戒缉军士榜》果然很起作用，那些刚要行抢的士兵见了这个通告无不傻了眼，一个个都退了回去。但也有少数几个大胆妄为、不知死活的家伙竟公然进行抢劫，结果，朱元璋言出即行，真的把他们的脑袋砍了下来，并被飞马游街，传首示众。这种杀鸡给猴看的办法果然起到了效果，城内混乱纷扰的现象立刻安顿下来，变得井然有序。

朱元璋之所以让李善长起草《戒缉军士榜》，目的在于防止扰民。然而，朱元璋也是个赏罚分明的人，为了保持队伍高度的战斗积极性，适当的物质刺激也是必不可少的。所以朱元璋考虑到战事结束后，还是把从元军仓库中获得的金银财物按功行赏的好。最后，在战后按功受赏之时，军士们果然人各有份，个个兴高采烈，没想到自己的主公竟然真的做到了当初在采石所说的话。这样朱元璋才总算安抚了他们。

太平城破后，城中百姓第一次见到不杀不掳的部队，于是议论纷纷，无不称赞。看来这《戒缉军士榜》确实起了不小的作用，它表面上虽是一种约束军纪的军令，实际则是朱元璋一种爱民思想的集中体现。红巾军部队在太平城好吃好住地休整了一个多月。这期间，朱元璋多次指挥部队打败了元军，使元军不敢再轻易发动进攻。

攻下了采石、太平以后，朱元璋在江南站稳了脚跟。他进可攻，退可守，增加了攻击集庆的保险系数。

朱元璋投身从戎，以自己的勇敢和聪明，从一个普通的士兵成长成为一位首领。朱元璋的人生因投军而改写，踏上了不断强盛之路。

第三章

缓称王

第一节　人心悦服

朱元璋虽出身贫农，却从不好勇斗狠，使用蛮劲儿，而是尽量运用智慧，四两拨千斤。朱元璋多方搜罗儒士，正是要给自己这只老虎装上硬翅膀，这样一来，天下哪里还有对手！

单枪匹马干不成大事，早在攻略滁州之前，朱元璋就曾意识到了这一点，尤其是随着势力的扩大，自己的身边必须得有一大拨儿人来佐助自己，为自己出谋划策，充当顾问和谋士，因此，朱元璋很早就非常注意选人任人的标准。关于选用人才的标准，朱元璋有着自己的价值评判和独特的看法。

元朝特殊的政治社会背景，使得汉族士子在以蒙古族为主的政权组织中没有立身的地方，当时在民间有许多大儒，由于得不到元朝统治者的赏识，终生不得入仕或难以为元政府效劳而郁郁寡欢。就算是那些在元朝谋得一官半职的人，也都是些地位非常低微的官员。纵使如此，那些蒙古高官还常常奚落他们，疑心重重，经常借机打击、排斥。元朝统治者憎恨而又戒惧天下的汉人汉官，对于科举制度，当局持有强烈的排斥态度。因而相对来说，如果当时的红巾军将领都像朱元璋那样注重吸纳人才的话，是很容易得到响应的。

朱元璋在众多红巾军将领中应该是属于有眼光、有才识、有魄力的优秀领导者。他一向是以汉高祖刘邦为榜样的，而且他在对待人才的态度上也比刘邦强许多，他没有刘邦那样待人傲慢的习气，也没有像刘邦那样轻视儒生，相反，朱元璋对于儒生倒是非常尊重。

这其中很典型的例子就是重用自己的幕僚冯国用。

定远人冯国用是定远地方"结寨自存"的一支地主武装的头领，是朱元璋当上小首领后最早遇到的人才。朱元璋在进攻滁州的行军途中，冯国用和他的弟弟冯国胜兄弟二人一起投奔了朱元璋。

朱元璋没有因为自己的出身为农民，冯国用的出身为地主而排斥他。当朱元璋知道冯国用善于出谋划策的时候，就经常向冯国用问计，而冯国用也有感于朱元璋的平易近人，也愿意把自己的计策讲给朱元璋听，时间一长，朱元璋常常能从冯国用这里得到很多启发，而这些启发对于朱元璋实在是无价之宝。

冯国用在起义前期最为重要的贡献就是给朱元璋提出了进军集庆的策略，虽然当时由于种种条件的限制，朱元璋并未采用，可到最终还是为他所采纳。可以说这个策略对于朱元璋，乃至中国历史来说都是极具决定意义的，它的实现奠定了朱元璋江南政权，也奠定了明朝政权霸业的基础。

说到用人，就应当唯才是用，而判断一个人，就应当有一定的标准。用什么样的人，怎样用人，都需要仔细策划考虑。朱元璋用人不求全责备，而主张除去其糟粕取其精华；用人的勇敢，而不用他的暴怒；用人的仁德，而不用他的贪欲。用智用勇，用贪用愚，效果大为不同。聪明的人乐于立功，勇敢的人好行其志，贪婪的人取决于利，愚昧的人一味怕死，根据各自的特点而用，这是将领所要权衡的，把握得不好，就会搬起石头砸了自己的脚，搞不好就会鸡飞蛋打。

朱元璋知道冯国用弟兄出身于地主阶级，也知道自己的出身与之不同，虽然他小时候最恨地主并想方设法地报复地主，但这并不妨碍朱元璋把冯国用、冯国胜收为左右手。

朱元璋明白，天下没有十全十美的人，正所谓人无完人，不管什么样的人，都有缺点、瑕疵。因此你要用人，就不能把人的缺点放到第一位来考虑，如果这样做势必会对人不放心，而这种思想的产生，会引起对人的怀疑，一旦生出疑心，就会使为自己办事的人心有不安，不能尽心尽力地把事办好，随之而来就会产生许多麻烦。

至正十五年（1355年）朱元璋攻克太平，当地享有盛名的儒士陶安、李习等人，率领一批有影响的父老出来迎接朱元璋。

陶安，字主敬，太平富户，早年中乡试，后两次赴京参加会试，不中，遂出任集庆明道书院山长。不久归太平故里。红巾军起义爆发后，陶安闲居在家，亲身感受到这场农民战争是元朝歧视汉人、南人的结果。出于他的阶级立场，陶安对农民起义完全抱敌视的态度，同时对元廷还怀有一丝希望。那时脱脱为宰相，元廷为缓和民族矛盾，争取南方士人，下诏恢复忽必烈时的旧制，在中央中书省、枢密院、御史台等重要部门选用一些有才学的南人。这曾使陶安激动不已，但不久他发现元廷的这一举动只是粉饰一下门面，对汉人，尤其对南人歧视、防范、排斥的心理没有根本转变。随着脱脱因谗被贬，百万元军崩溃于高邮城下，陶安对元廷最后的一丝希想也破灭了。

朱元璋所率领的红巾军的义举和军纪感动了陶安，他感慨不已，于是和另一位名士李习一起率领城中父老迎接朱元璋。陶安由此判定朱元璋说："元帅龙姿凤质，非寻常人也，我辈总算有主了。"

没过几天，太平城已完全恢复正常，百姓依旧安居乐业。此时，抽出空来的朱元璋将陶安、李习召去讨论时局，向他们征询平定天下的意见。陶安趁机向他进言：

> 四海鼎沸，豪杰并争。攻城屠邑，互相雄长，然其志皆在子女玉帛，取快一时，非有拨乱救民安天下之心。明公率众渡江，神武不杀，人心悦服，以此顺天应人而行吊伐，天下不足平也。

"不杀人，不掳掠，不烧房屋"，似乎是指军风、军纪问题，实则不然。农民起义本身就是一种暴力行为的集中体现，是一场杀富济贫、替天行道的集体行为，有时杀人、掠人是不得已而为之的。但随着队伍的扩大，成员的组成也逐渐复杂起来，军纪问题就要慢慢提升到一个新的高度。若没有严格的纪律约束，就会有人趁机作乱，使得无辜的百姓也成为被打击的对象。所以陶安奉劝朱元璋治军不杀、不掳、不烧，严肃农民军的军纪，更要求朱元璋要放弃农民起义的立场，以争取人心为己任，以图建立霸业。

朱元璋听了这些议论，很自然地想起了与冯国用见面时听到的话。他见陶安与冯国用所说的一样，觉得深有同感。对朱元璋来说，采纳陶安的意见，就意味着把依靠力量的基本点从穷苦的农民起义军转移到南方士人，即汉族地主阶级知识分子身上。

朱元璋为了加强行政管理，改太平路为太平府，设置了太平兴国翼元帅府，自任大元帅。任命李习为知府。李习字伯羽，太平人，年纪已经八十多岁，经历与陶安大致相仿。李习在太平城德高望重，这一任命对于太平城民众来说是个大喜事。像他这样的人，只可能维护和加强地方上的封建统治秩序，而不会像农民起义那样去破坏这个秩序。

同时，朱元璋还任命陶安为幕府参事，汪广洋为帅府令史，潘庭坚为帅府教授。汪广洋字朝宗，高邮人，是知名学者余阙的学生，当时正寓居太平。潘庭坚字叔闻，太平人，家世业儒，本人曾做过私塾教师，又为富阳县学教谕。任用这些人，就如同竖起了一面面鲜明的旗帜，表明了朱元璋愿意与汉族地主阶级合作的态度。结果，更多的汉族地主士大夫纷纷投靠到朱元璋的麾下。

元帅府这一设置是承袭元朝的地方兵制，朱元璋作为太平兴国最高的军事长官，任命李善长为帅府都事，汪广洋为帅府令史，陶安、宋思颜等为幕府参事，梁贞、潘庭坚为帅府教授，共同处理帅府日常政务。李习、陶安、汪广洋、宋思颜、梁贞、潘庭坚都是当地的知名儒士，太平城的事由太平城人自己来管，这是一项既不劳民又不伤和气，而且还颇得人心的政治举措。

太平城是朱元璋过江后攻下的第一个大城池，是他作为一方最高统帅占领的第一个重镇，也是朱元璋个人事业的一个新的转折点。

到太平城之时，原有的从淮西和江北跟随而来的知识分子中除李善长、冯国用、范常之外，还有濠州的郭景祥、李梦庚，定远的毛骐，滁州的杨元杲、阮弘道，全椒的侯元善、樊景昭，舒城的汪河，以及王习古、范子权等，他们知识渊博，而且还各有所长。有的善于管理文案，有的善于出谋划策，还有的能充当咨询的顾问，真可谓有王佐之才者。有他们的佐助，朱元璋对必要的历史知识进行了一次恶补，他从古书中汲取了不少历史经验教训和成功经验。可以说这一时期的朱元璋明显深沉练达，逐渐成熟，与这些人的佐助大有关系。

正因为朱元璋能够自觉地同读书人交往，一方面是在积极主动地补充各种文化知识，结合军事政治斗争的实践，了解先辈们积累的各种经验；另一方面也是在缓和与各地士大夫的矛盾，消融他们的敌意，团结他们一同做事。旧时代的读书人往往是一个宗族一个地域的核心人物。一名有影响的儒士，就是一方水土的一面旗帜，具有一种凝聚力、亲和力、号召力。用他们来管理当地百姓，的确是最合适的。

当时儒者知识分子的地位低下，几乎到了不可想象的地步，这里有一则当时的记载："我大元制典，人有十等，一官二吏，先之者，贵之也，贵之者，谓有益于国也。七匠，八娼，九儒，十丐，后之者，贱之也，贱之者，谓无益于国也。嗟乎卑哉，介乎娼之下丐之上者，今之儒也。"知识分子的地位竟然排在娼妓之下，可见所受屈辱之重，仅比乞丐高上一个等级，这种地位哪里还能谈得上重用！在这种地位低下的社会里，知识分子如何会有受人敬重的出头之日？由此可见，朱元璋对儒生的爱护和重用是多么可贵。难怪他们会对朱元璋一见倾服。

长期战争实践中，朱元璋看重的正是知识分子见识远大，比庄稼汉出身的将领元帅看问题更全面、细致、透彻。他自己虽然不是知识分子，但他却时时希望能得其所学，以使自己更有识见，能做大事。而他这样做无疑能够争取到地主知识阶层的支持。

朱元璋之所以具有王者之气，也在这方面有所体现，那就是无形之中，把反元战线扩大到了有知识、有素质的士大夫阶层。正如一些专家在研究朱元璋的传记时所谈到的：仕途的狭窄和社会心理上的压力，造成了知识分子对元政权的感情淡漠和离心倾向。有那么多读书的人像元末那样主动"投寇附贼"，拥进农民起义队伍，这是历史上所没有过的。朱元璋的非凡之处在于，他恰恰准确地把握了时代脉搏，尽可能地延揽了这股由士大夫构成的反元势力为己所用。

从太平城的进攻筹划和用当代儒生行使管理权、广揽儒生这一系列政策和举措来看，朱元璋正是顺应时代潮流的政治家和军事家，因而他得人心是情理之中的事。

第二节 韬光养晦

至正十七年（1357年），朱元璋为保卫集庆，派兵攻克长兴、常州、宁国、江阴等地。攻克常熟，活捉张士德，一举攻下池州、扬州等地。

朱元璋马不停蹄地奔走于大江南北，然而他最担心的还是大后方的稳固，如果没有稳固牢靠的后方补给线，那么前方的一片大好景象，也不过是一种虚假的繁荣，面对敌人时将会不堪一击。

恰在此时，邓愈报告朱元璋，说是有一个很有学问的徽州名儒叫朱升的，是个大学问家，并说此人是安徽休宁人，幼年曾随名学者陈栎学习朱子之学，至正四年（1344年）登乡贡进士第二名，后出任池州学正，后来到徽州隐居，闭户著书。

朱元璋早就听说过朱升，朱元璋以刘备亲顾诸葛亮茅庐为榜样，微服亲自登门拜访朱升，向他请教夺取天下的计谋。朱升被他的诚意所感动，为朱元璋提出了九字要法，即"高筑墙，广积粮，缓称王"，意即巩固后方，牢固根基，发展生产，积蓄军粮，缩小目标，长远打算，韬光养晦，待时而动。

朱升的建议与当初冯国用的据集庆以有势，倡仁义以有德，夺取集庆作为"四出征伐"的战争基地的基本战略并不矛盾，而且是互为表里，互相补充，完全一致的。因而朱元璋深以为然，决定立即采纳，用以指导根据地的建设。朱升的"高筑墙，广积粮，缓称王"

九个字对朱元璋的影响很大，朱元璋在后来争夺天下的角逐中基本上就是这么做的。

纵观当时天下大局，全国各地的起义军都在与元朝的军队周旋着，而元朝大军根本无暇顾及朱元璋所在的地方，再加上此处还有另外几支义军掩护着朱的发展，因此朱元璋的集庆府暂时没有与北方元军进行直接对抗的可能。而战场的另一面，南方元军则是陷入了苦战的境地，由于在南方不但有陈友谅、张士诚的部队，还有方国珍的部队，再加上一些小股起义军部队，这使得元军顾此失彼，无所适从。更让元军头痛的是往往今天刚刚扑灭了这个地方的起义，明天另一个地方的起义军又迅速崛起，而且义军的人数也越来越多，元军更是应接不暇。不仅如此，此时的元朝内部也存在着各种各样的争权夺势的较量。元朝内部的几个派别之间经常发生皇位及派系的争斗，这种内耗不仅搞得朝廷内外一片乌烟瘴气，而且还耗费了大量的精力与财力。

南方的元军被起义军搞得团团转，常常被动挨打，使得元朝政府不得不依靠南方当地的一些地主武装来维持地方政权。虽然汉人、南人在元朝中的地位仍旧很低下，但是由于面对着农民起义军越来越大的打击，元朝政府也不得不改变对汉族人的看法，认识到必须依靠汉人，尤其是南人中的地主武装势力来改变这种局势。

由于红巾军的大多数组成人员都是穷苦的农民，他们有一个共同的特点，就是对地主阶级无比仇恨，恨不得把地主家里的一切财产全部抢干掠净，所以元政府就利用地主阶级来牵制农民起义军的势力，元政府纷纷给他们封官许愿，使得这些人心甘情愿地被绑到元朝的战车上。地主阶级也同样为了自己的安全，常常结兵自保，像投奔朱元璋的冯国用的那一支队伍就是其中的一例。当他们发现元政府只是想利用他们，并不想切实改变汉族人的地位时，反而拿起武器直接进攻元军的部队。然而这种开明、识大局的地主还是极少数的，大多数地主武装都是与元朝同命运的。

朱元璋经过上述的一系列的分析，又与自己的智囊班子一起经过研究论证，得出的结论是：

此时我军的实力并未强大到可以单独与元政府抗衡的程度，即使是比起南方的陈友谅、张士诚、方国珍等人的势力，也没有什么优势可言。因此，我们必须迅速地使自己的力量强大起来，只有具备了强大的实力，才有可能谈及下一步称王称帝的事；只有有了牢固的根据地，才能拥有强大的实力；只有先从一方政权做起，羽翼渐丰、丰衣足食、兵强民富，才能牢牢地掌握住根据地，否则一切都只是纸上谈兵。朱升提出的"高筑墙，广积粮，缓称王"的建议，正是在夺取集庆，据险自固，有了先决条件之后的一个审时度势的根本之法。

为了达到建立巩固的根据地这个目的，朱元璋与自己的智谋团从长计议，高瞻远瞩，制定了一套行之有效的方针与政策。

朱元璋废除了元朝的苛政，并减轻了刑罚和税役，并且几次下令赦免罪犯，或者减轻刑罚。

有些官员对于朱元璋的这种减轻刑罚、赦免罪犯的行为感到不解，朱元璋就细心劝导他们。意思是："经过连年的战乱，百姓早已不堪重负，我怎么能忍受我的臣民继续生活在这种昏天暗地的日子里呢？我们理应安抚这些穷苦的百姓，通则不痛，痛则不通，我们只是一味地去堵截，而不去疏通，这样只能积压民怨。水能载舟，也能覆舟，到时民怨沸腾，我们岂不是同元朝一个下场吗？况且这些人中可能有的只是由于一时糊涂，怎能全部都用重典来治呢？治理狱政，应该以宽厚为本。常言道，新国用轻典，说的就是这一道理啊。"那些被朱元璋开导一通的部将这才茅塞顿开。朱元璋命他们把这次谈话内容向全体官员通报，让他们全都深入学习领悟，并且认真仔细地贯彻执行。

至正十七年（1357年）十二月，朱元璋下令释放集庆府所辖监狱里的所有轻重罪犯。朱元璋规定当月二十日黎明之前的所有触犯刑律的官吏军民，一律免罪释放，并要求执行这项任务的官员不得推辞、敷衍其事，如有故意拖延者，要以军法处置。到了至正十八年（1358年）三月，又派提刑按察司佥事分巡郡县，讯察案犯的罪状，规定原来判处笞刑的释放，判处杖刑的减半处刑，重罪囚犯处以杖七十的刑罚，贪污受贿的不再追征赃物；司法官吏没有按规定期限处理刑事案件的，重者从轻处分，轻者免予处分；武将出征犯有过失的，也都予以赦免。

到了至正十九年（1359年）三月朱元璋又宣布："所隶州郡，自三月初二日以前，除大逆无道及敌之侦伺拘系外，其余罪无大小，咸与宥原。敢有不遵，仍前告言者，以其罪罪之。"再次告诫不得借口拖延。直至至正二十七年（1367年）六月，他终于可以称王的时候，还特地告谕负责监察的御史要慎用刑狱："用刑不当则无辜受害，譬之薅草菜者，施镈不谨，必伤良苗、绳奸慝者，论法不当，必伤善类，故刑不可不慎也……刑本生人，非求杀也，苟不求其情而轻用之，受枉者多矣。故钦恤二字，用刑之本也。"

朱元璋采用了朱升的"高筑墙，广积粮，缓称王"的建议，放眼长远，韬光养晦。他通过减轻刑罚等一系列政策，稳定了民心，巩固了统治。

第三节 体恤民力

朱元璋祖祖辈辈均以农业劳动为生，所以，他在起义和统治中都非常重视体恤民力，以民为本，提倡节俭。

朱元璋青少年时期主要是以农为业，童年时帮人放牛，两度入皇觉寺为僧，特别是临近起义反元的后四年，他经常"还旧里，修葺淳皇、太后坟墓，经理穴圹，潜居草野四载，往来濠城"。实际上主要过的不是寺院的消闲日子，而是以务农为主的劳动生涯。

朱元璋当了皇帝后，为了告诫自己的子孙和大臣，曾经不厌其烦地回忆和追述过许多往事，很发人深思。他说："吾昔微时，自谓终身田野间一农民尔……"

由此可见，朱元璋在参加反元起义前是不怕吃苦，以农为乐，安心于农业生产劳动的。吃苦耐劳与自食其力，是劳动人民优良品德的表现，这两个方面的表现是有本质联系的。朱元璋的父亲朱五四一贯主张为人必须坚持"守分植材"，绝不能干那种"悖理得财"和贪财害民的事。那么，怎样做才是"守分植材"呢？他认为"守分植材"，就像农民种地一样，勤奋耕耘，即使不丰收，也必然"岁有常利，用之无穷"。朱元璋当了皇帝以后，还时常念念不忘，可见这段家训在处于青少年时期的朱元璋的思想里占有何等重要的地位。

朱元璋的重农思想体现在他的重农政策中。为了调动农民的积极性，达到富民的目的，朱元璋支持农民夺取地主的土地财产，夺来归己；对待元朝的官田，他也采取了"化公为私"的方针，即把这些官田分给农民耕种，这一系列的做法无不令人惊喜万分。还有，对于发生灾荒的地区实施随时赈济和免田租的政策。

为了切实减轻农民的负担，朱元璋实行了军垦屯田制。

由于连年战乱，人民流离失所。在兵荒马乱的年代，很多人不肯踏踏实实耕作劳动，担心今天种得的粮食，明天就会落到元军或军阀的手里，所以，人们在这种情况下都被逼迫得不思劳作，土地荒芜。

军粮问题一直困扰着各路红巾军多年，朱元璋也是如此。经验告诉他，没有粮食便没有人愿意站到招兵旗下来，由此粮食的问题也可以说是政治问题，所以他说："为国之道，以足食为本……"要从根本上解决军饷的供应问题，改善百姓的生活，就必须恢复和发展农业生产，甚至是军队也要搞生产。从滁州到和州，再到集庆，朱元璋没有一天不为这件事烦心的。到了集庆之后，朱元璋除了考虑军纪的问题之外，他还考虑的就是粮食问题。军队一日无粮就会造成军心不稳，军心不稳必将大乱，烧杀抢掠不说，连最根本的行军作战都成问题。而百姓无粮则会四处逃荒，自己的城池里连一个百姓都没有，又怎么能叫统一天下呢？所以，朱元璋要建立军队自我补给机能，让军队打仗作战时拿刀，勇猛作战，闲时拿起锄头自力更生，艰苦奋斗，自己动手，丰衣足食。

为此，朱元璋特地下令"听从武官开垦荒田，以为己业"，文官拨给典职田，召佃耕种，由佃户"送纳子粒，以代俸禄"，以此减轻他政权的财政负担，并推动辖区内荒地的开垦。后来，朱元璋又命诸将分军于龙江等处屯田。至正十六年（1356年）七月，建立江南行省，设营田司，以修堤防，专掌水利。这里所谓的"营田"，主要是以军士为主的屯田，所谓的"营田司"也就兼有组织兵士屯田之责。

朱元璋的措施是实行屯田制度，规定：无论哪一级的部队，都要开荒种地，实行屯田。为了显示这项工作的重大意义，为了使军垦制度化、规范化，朱元璋真抓实干，设立专职机构，任命专职官员来加以管理，专门负责军队垦田事宜，以提升这项工作的政治意义。

至正十八年（1358年）二月，朱元璋任命康茂才为营田使。吴良、吴祯兄弟这年戍守江阴时，率领不满5000的士兵，一边训练，一边屯田，"以给军饷"。至正十九年（1359年）王恺戍守衢州时，也令守军屯种废田5.7万亩，以供兵食。这些都与营田使的奔走运作有关。尝到甜头之后，朱元璋更坚定了抓军队垦田工作的决心。

对于有些屯田时土地不够用的部队，朱元璋又征用地主的荒田，允许他们向地主索要荒地来耕种。规定"民有田，力弗能艺者，听军士贷耕，而为输粮"，把地主的荒闲土地交给士兵屯种，由士兵向江南行省政权交纳赋税。

与此相应的是至正十八年（1358年）建立的民兵制度，朱元璋要求自己占领区中的各地政权，要训练民间丁壮，"农时则耕，闲则练习"。至正二十三年（1363年），由于他又将民兵制度进一步加以推广，更使得两淮江南诸郡的民间丁壮得以全部组织起来，"练则为兵，耕则为农"。

在至正二十三年（1363年），朱元璋申明屯田之令，告诫全军将士："兴国之本在于强兵足食，昔汉武以屯田定西戎，魏武以务农足军食，定伯兴王，莫不由此。自兵兴以来，民无宁居，连年饥馑，田地荒芜，若兵食尽资于民，则民力重困。故令尔将士屯田，且耕且战……自今诸将宜督军士，及时开垦，以收地利，庶几兵食充足，国有所赖。"对于屯田有功劳的将士，如同立军功一样给予奖励。这样就极大地调动了部队将士屯田的积极性。

在解决完了军队的补给问题之后，朱元璋又果断地废除了征粮于民的"寨粮"制度，这就更得到了百姓的拥护。对于那些新归附的州、县、郡，他一般都下令免除当年的赋税或者劳役，如果有灾年，也下令加以减免，体现了恤民、养民的仁怀。

这一治军之道真可谓明智之举，最大地减轻了农民的负担，并且减少了无谓的财政开支，实为一种好办法。

朱元璋还从老百姓的立场出发，感受民生疾苦，体恤民力。

至正十七年（1357年），朱元璋亲征婺州时路经徽州，曾召见当地儒士唐仲实、姚琏二人询问民事得失。唐仲实反映当地守将邓愈役民筑城，百姓颇有怨气。朱元璋立即下令邓愈停工。唐仲实说话间又婉转地反映"民虽得所归而未遂生息"的情况，意即百姓负担过重，朱元璋当即坦率地承认："此言是也。"并做出解释，说："我积少而费多，取给于民，甚非得已，然皆为军需所用，未尝以一毫奉己"，"民之劳苦，恒思所以休息之，曷尝忘也"，表达了自己的愧意。

因为朱元璋出身贫苦，深切懂得农民遭受灾荒时的痛苦，所以在朱元璋即位后，对受灾和受战争影响的地区比较关心，常常减免租赋和进行赈济。据《明史·太祖本纪》记载，明太祖在位三十一年，曾下诏减免租赋和赈济灾民达30多次。

朱元璋采用多种方法，从经济上减轻老百姓的负担。

就是在明朝建立之初，朱元璋也仍是从经济上着手来医治战争带来的创伤。他曾对外地来京朝见的官吏说："天下初定，老百姓的财力人力都很困乏。这就如刚刚会飞的鸟一样，不可拔它的羽毛，也像刚刚栽种的树一样，不可动摇它的根部。因此，对老百姓，重要的是要让他们休养生息。"

在工商业税制方面，朱元璋则要求"斟酌元制，去其弊政"，切实减轻工商户主的负担。出身贫苦农民家庭的朱元璋，深知广大农民所以揭竿起义，正是因为忍受不了被地主阶级霸占了土地和财物，所以他们要改变这个"贫者愈贫，富者愈富，纷纭吞噬，乱无宁日"的不平等现象。为此，他实行"给民户由"的政策，支持农民剥夺地主的土地和财产。编造"户籍"，又置"户帖"，记载百姓民户的籍贯、人口、年龄和所从事的行业，相当于现在人们所用的户口簿，这种户帖即为"户由"。"户由"上载明民户的产业和丁粮数目，作为纳税当差的凭证，后来又逐步完善，记载民户包括土地在内的全部产业，具有在法律上承认民户的财产，包括土地的作用。由此可见，给民户由即从法律上对民户的一种应得的权益的大力支持，从而承认了民户的财产，包括农民所占的地主土地财物和官田的所有权。

为了奖励农桑，朱元璋下令：凡农民有田5亩到10亩以上的，种植面积要按比例递增。在收税上政府规定：每亩麻收8两，棉花征收4两，桑树4年后起征税，不种桑的必须交绢1匹，不种麻和棉的交麻或棉布1匹。在宋元时代，棉花只能在南方的局部地区种植，到了明朝，则普及全国各地。

元朝统治时期，蒙古族给内地带来了奴隶制残余。明王朝建立后，一些豪强地主家中仍然拥有众多的奴隶。为了发展生产，朱元璋于洪武五年（1372年）通令全国，凡因战乱被迫当奴隶的，主家必须立即放还；凡因饥荒而典卖为奴隶的男女，由政府赎身，恢复他们的自由。他还在法律上规定：普通地主不许蓄养奴婢，违者杖刑一百。为了把更多的农民固定在土地上，朱元璋积极推行"招抚流亡"政策，号召逃亡农户回乡垦荒，承认垦出的荒地归垦者所有，而且免征三年田赋；对于个别地区额外开垦的荒地规定永不收税。

朱元璋为了达到富国强兵的目的，还加强了对江南根据地的税收征管力度。他对本辖区丰富的盐、茶等资源派人进行了细致入微的取证调查工作，不仅彻底搞清了盐、茶等物资的具体数目，并且还为这些物资的交易量和交易金额规定了相应的税率。依据史书的记载，可知当时的官吏每年取得的俸禄都是从这些盐税中抽出来的，可见当时的收入相当可观。

由于采取了上述措施，明初农业生产发展很快。到洪武二十六年（1393年），全国垦田面积达850多万顷，比洪武初年增加了将近4倍。黄淮流域大片荒芜了的土地，重新种上了庄稼，使元末残破的农村又重新呈现出一片繁荣的景象。

开源要抓，节流也要抓。作为穷苦人出身的朱元璋，可以说此时已经算得上是一名优秀的政治家和军事家了。在物质上，他已不缺什么了，但他深知那些钱财和粮食来之不易，因而在用度上特别注意节俭。

我国古代有许多劝勤的格言和故事，传曰：人生在勤，勤则不匮。书曰：忧劳兴国，逸豫亡身。儒学理想中的圣帝明君流传着一个又一个勤政爱民、勤俭节约的佳话。而历代丧邦亡身之主，则有着更多的骄侈纵恣、荒淫无度的教训。

孔子热烈讴歌大禹是个完美无缺的人，为什么呢？他吃的是"菲饮食"，穿的是"恶衣服"，住的是"卑宫室"，自奉如此菲薄，而却竭尽全身心力修河治水。公而忘私，国而忘家，八年在外，三过家门而不入，孔子贤之。连篇累牍的历史经验教训，尤其是近在眼前的元朝覆亡的悲惨下场，对朱元璋震动极大。除不断要求下属减少不必要的开支外，朱元璋自己也是以身作则，处处节省。

据说，"四菜一汤"就是由明太祖朱元璋发明的。

一天，适逢马皇后的生日，朱元璋趁众大臣前来贺寿之机，有意摆出粗茶淡饭招待群臣。大臣列席后，只见从第一到第四道菜，分别是炒萝卜、炒韭菜、炒芹菜、炒青菜，最后上的是葱花豆腐汤。朱元璋面对大家诧异的表情，郑重其事地说："列位爱卿，这萝卜是百味药也，可治百病，这韭菜生命力旺盛，象征国家长治久安；这芹菜、青菜寓意为官要清廉、勤于政务、体恤民情；这葱花豆腐汤是奉劝列位，切勿徇私枉法，要一清二白。"宴后，朱元璋宣布：今后众卿请客，最多只能"四菜一汤"，谁若违犯，严惩不贷。

朱元璋称帝的前一年，在南京建宫室时，他把图纸上雕琢考究的部分都砍掉，完工后，叫人在壁上画了许多触目惊心的历史故事作为装饰，目的在于警省自己。当时有个官员想讨好他，说某处出产一种很好看的石头，可以用来铺设宫殿的地板，被他狠狠地训了一顿。此外，他自己用的车舆器具服饰等，按惯例应用金饰的，他都下令以铜代替。主管的管员说，这并不需费多少金子，朱元璋却说："朕富有四海，岂吝惜这点儿黄金？但是，所谓节约，非身先之，何以带动别人？而且奢侈的开始，都是由小到大的。"朱元璋不但自己节俭，更要求别人也是如此。

有一天，一个宦官穿着新靴在雨中走路，被他骂了一顿。另一个散骑舍人穿着一件极华丽的新衣被他看到后，便问道："这衣服费了多少钱？"舍人说："五百贯。"朱元璋当即训斥说："五百贯是数口之家农夫一年的费用，而你却用它来做衣裳，骄奢如此，实在是太糟糕了。"并告诫他今后不能这样奢华。

由于朱元璋的倡导，明初形成了节俭的社会风气，这对于社会的稳定和经济的发展起到了极大的推动作用。

"得民心则昌，失民心则衰"。君王只有戒淫逸，勤政事，才能深得民心。小到治理一方水土，大到掌管一个国家，没有正确的理论方针和行之有效的办事方法是行不通的。朱元璋无疑是这方面的实干家，他在政治、军事和经济等诸多方面下的一番苦功夫，带来了巨大的收益。

第四节　军纪严明

朱元璋非常重视军风军纪问题。他深深地记得陶安、冯国用等人对他的教诲："拔而取之以为根本，成有势之强。然后命将出师，倡仁义，收人心，不贪子女玉帛，则为有德之昌，而后天下可定。"

作为一个以建立专制政权为目的的政治家，朱元璋深深懂得对于一个封建专制政权来说，从它的建立到发展壮大是与一支纪律严明的军队密不可分的。可以说，如果不仰赖于一支纪律严明，保卫政权的军队，专制制度将会寸步难行。由此朱元璋认识到"兴国之本，在于强兵足食"，时时处处注重对军队的建设。

早在朱元璋投奔郭子兴之时，他就曾亲自回家招募青年农民入伍，而且注重收编归降的地方武装扩充自己的队伍；重视日常的军事训练，严明军纪，为提高部队的战斗力提供了保证。当他的部队发展壮大之后，每天的事务颇多，便把亲自训练部队改为交由将帅去训练，但他仍然是常常亲自检查、检阅，当发现不足时，便亲自加以指导。至正二十五年（1365年）正月出征淮东之前，朱元璋还曾亲自阅视部队，命令镇抚居明率领军士分队进行模拟演练，胜者赏给银两，负伤而不退却者也赏给数量不等的银两，并赐给医药治疗，还亲自设酒馔，犒劳全体将士，鼓舞士气。

朱元璋经常告诫他的部下们，一定要注意军纪的问题，军纪不严明，必然会骚扰百姓，军风不整就等于纵容部下，其结果不堪设想。没有严格纪律的军队就等于一群乌合之众，而一群乌合之众怎能打胜仗呢？因而军纪是强兵的重要环节，不可或缺。朱元璋把军纪建设当作一件大事来抓，规定非常严明的纪律也是可想而知的事了。

朱元璋非常重视将自己的部队向正规化方向建设，始终紧抓不懈，其中尤其重视军纪的整顿。朱元璋加入郭子兴的部队，受到初步的军事训练之后，看到左右诸将"统御无法"，他对此非常看不惯，"心常鄙之"。后来当了带兵官，他就身体力行开始注重纪律的整顿。

有一次，朱元璋带领一支归降的队伍出征，两名士卒违犯命令，他"即斩以徇"，使"众皆股栗"，不敢再违抗命令。在朱元璋进攻镇江之前，为了引起将士对纪律的重视，他和李善长、徐达一起搞了个苦肉计：临出师前两天，他召集将士，故意当众历数将官"纵士卒之过"，宣布将按军法论处，再由李善长出面求情。让他们保证今后一定严格约束士卒，并领兵攻打镇江，立功赎罪。战前强调军纪的制度也就由此形成。后来每次攻城略地，朱元璋都要亲自训话，反复告谕将士："惠爱加于民，法度行于军，只有这样的部队才有战斗力，只有这样才能取得人民的支持，也只有这样才能取得战争最后的胜利。"

为了严明军纪，朱元璋还十分注重奖罚制度的建立，一旦发现有严守法纪的典型，朱元璋便紧抓不放，教育部队，通令嘉奖。在亲征婺州时，朱元璋有一次夜出私行，恰巧遇到自己安置的夜间巡军。巡军办事认真，根据实行宵禁的命令，上前出面阻拦。随行先锋张焕告诉巡军的小头领，说这是位"军中高官"，要求放行。巡军毫不通融，坚定地拒绝说："我不认识这是哪位高官，只知道他是一名犯夜者！"朱元璋不仅没有发怒，反而奖赏给巡军二石米，从此他也遵守规定不再夜出。

所谓上梁不正下梁歪，当兵的军纪有问题，有毛病，责任一定是在当官的那里。因此朱元璋来个擒贼先擒王，对于那些违反纪律的将领或者士兵，处罚往往非常严厉。而对于那些能够严格遵守军纪的将领，他则要通令嘉奖。对于那些颁布了禁止扰民的命令之后，继续违犯命令的官兵，他毫不留情无一例外地一一处死，这极大地震慑了那些不守纪律的官兵。这里有几例朱元璋治军，赏罚严明的实例：击败陈友谅后，常遇春"克签不杀"，纪律严明，朱元璋派人嘉奖；至正十六年（1356年）徐达由于辖下"诸将不戢士卒，虐取陈保二货，致怨而叛"，加上常州久攻不下，朱元璋"命自元帅以下皆降一官"。

对于跟随在自己身边的大将，朱元璋也不姑息迁就。当忠诚守纪的胡大海在绍兴前线打仗时，胡大海的儿子等三人在集庆城粮荒时用粮酿酒，公然犯禁，朱元璋下令依法斩首，都事王恺见状出面求情说："胡大海此时正在率兵进攻绍兴，可因此饶他。"朱元璋不为所动，大怒道："宁可胡大海反我，也不可破坏军纪！"于是当下下令，将胡大海儿子等三人斩首。

胡大海是朱元璋军中攻城略地屡建功勋的重臣，也是开国文臣宋濂、文武全才的刘基和叶琛、章溢等众多多智多才者的举荐人，在军事上是朱元璋所倚重的人物，朱元璋能说出"宁可胡大海反我，也不可破坏军纪"的话，可见朱元璋军纪至上的态度。

除了建设正规的作战主力部队之外，朱元璋还特别重视和重用民兵队伍的建设。至正十八年（1358年）十一月，他正式下令建立管领兵民的万户府，这是一种兵民的专门管理机构，又是朱元璋全民皆兵思路的发端。为了使人理解他之所以这样做的必要性，他特地告谕中书省臣，说："古者寓兵于农，有事则战，无事则耕，暇则讲武。今兵争之际，当因时制宜。所定郡县，民间岂无武勇之材，宜精加简拔……立民兵万户府领之，俾农时则耕，闲则练习，有事则用之。事平，有功者一体升擢，无功令还为民。如此，则民无坐食之弊，国无不练之兵，以战则胜，以守则固，庶几寓兵于农之意也。"这一思想他在日后运用得更加成熟和完善，于是在所辖区域内普遍推行了民兵制度。民兵的出现可以说与军垦思想是一脉相承的，这些民兵有警则出，无事则农，战时进而攻敌，无战之时则维持地方治安，这样就从根本上解决了正规部队的兵源补充问题。

由于大业初创，处于各派政治力量和元朝的挤压时期，而且朱元璋的实力在相当长一段时间内并不够强大，所以，朱元璋为了加强对将官的控制，防止他们不服指挥调遣甚至出现叛变投敌的行为，把出征将官的妻子家室统统留在集庆。朱元璋这么做表面上说是为了家人的安全，要加以保护，实质上却是留做人质，控制将士。早在渡江时，朱元璋便采用过这种做法。攻占集庆后，朱元璋又专门规定："与我取城的总兵官，妻子俱要在京住坐，不许搬取出外。"为此他允许年轻将官在身边无妻、情感需要的情况下在外纳妾。"将官妻子留于京城居住，听于外处娶亲"，以稳定军心，但妻子则不可随军。为了防止生变，朱元璋还派出自己先后收养的20多个义子作为监军，每攻占一个重要城镇，就派一个或两个义子去和带兵的将官一起镇守，以便发挥监督作用。这些义子对义父朱元璋个个是忠心无二，派他们去与将官一同镇守，既可以把握政治方向，又可起到纪检军纪的作用。

作为一名封建时代的军事家、政治家，能认识到以上这些实属不易。朱元璋不仅能够接受名儒贤士的告劝，而且把它化作自己的自觉意识，看来这确实是明君与昏君或庸君的根本区别所在。

朱元璋不但对谋臣武将采取既信且疑的态度，在对待降卒的态度上，朱元璋也是一样。

攻打采石时，蛮子海牙见朱元璋一时无法攻下集庆，便从江北峪溪口出动，攻占了采石。朱元璋及全军的家眷都留在和州。和州与太平的交通只有水路，而且必经采石。蛮子海牙攻占采石，切断了朱元璋的后路，使之军心不稳，并对朱元璋形成两面夹击之势。为打破这种局面，至正十六年（1356年）二月，朱元璋命常遇春反攻采石，用襄阳大石炮猛轰元军水寨和船队，俘敌1万多人，蛮子海牙率残部逃往集庆。这一战，打通了前线部队与后方的联系，安定了军心。

三月初一，朱元璋在太平会集水陆大军第三次进攻集庆。在集庆城下，朱元璋在江宁镇大破了元军陈兆先的阵营，将领陈兆先被俘，其部下3.6万元军都投降了朱元璋。在怎样对待这些俘虏的问题上，朱元璋与众多部将发生了分歧。大多数将领认为这些人只是形势所迫，并不是真心地为主公效力，久居日后必定会起兵造反，应当把这些人全部杀死或者遣散，以绝后患。而朱元璋认为这些人久经沙场，经验老到，而且又是首败，一定担心自己会受到迫害，如果操之过急，事情处理不当，就会引起这些人的哗变，到那时可就不好收拾了。与其放虎归山，还不如收为己用。主意一定，朱元璋就着手策划，终于想出了一个既能赢得信任又能保全自己的妙计。

朱元璋首先从这投降的3万多人中挑选出500名精壮的战士，当作自己的警卫队，但这500人觉得朱元璋这样做一定有什么不可告人的目的，所以一开始便非常害怕。为了打消这些人的恐惧思想，消除他们的疑虑，朱元璋就吩咐他们晚上为自己站岗放哨。到了晚上，朱元璋把原先的侍卫和亲信全部撤走，身边只留下冯国用一人，并让这500人担任守卫，自己则脱下战甲，倒头就睡，不久即鼾声大作，丝毫不理这500人对自己构成的危险，但他为什么有这么大的信心呢？

原来朱元璋一开始也并非对陈兆先的部队完全放心，他之所以以挑选精兵作亲兵的方式从对方各部中抽出500人，而不整用某支部队来为自己站岗，原因就在于对方哗变的可能并非没有。而被抽选出来的500士卒彼此之间并不相识，难以在一夜之间形成充分的协调，所以朱元璋是完全可以睡个安稳觉的。

这些人看朱元璋如此信任他们，提到嗓子眼的心放了下来，感动之余，纷纷表示愿意以死效力。第二天，这个消息不胫而走，3万多名降卒的疑惧情绪一扫而尽。

这种宿卫方式是元朝怯薛制的翻版。当初，成吉思汗从万户、千户、百户子弟中，抽调万人，组成怯薛军，轮番宿卫宫禁。元朝建立以后，怯薛是高级官员的主要来源，官员都以怯薛出身为显贵。朱元璋利用元军的这种心理，以500名降卒充当宿卫，打消了他们的思想顾虑，表明了对投降元军的态度，并向他们指明了通向日后富贵的道路，充分显示了他的气度、谋略和眼光。

三月初十，朱元璋向集庆发起总攻。冯国用率领500名侍卫充任前锋。他们异常英勇，在蒋山大败元兵，攻入城内。元行台御史大夫福寿、平章阿鲁灰等战死，蛮子海牙弃城投奔张士诚，水寨元帅康茂才率众投降。

朱元璋治军有自己独特的策略，他一方面严明军纪，让将士受到纪律的约束；另一方面，他又通过留下家属、派义子一同镇守等方法，把全体将士牢牢地控制在自己的掌握之中。

通过收揽人才、重农重民、严明军纪等方面的整治，朱元璋的红巾军从各方面都得到了加强和提高。朱元璋的队伍战斗力加强，后方民心稳定，为他攻打天下奠定了坚实的基础。

第四章

南征北伐

第一节　集庆府

至正十五年（1355年）六月底，朱元璋开始进攻集庆。他分兵两路：南路由徐达率领，攻打溧水，再取溧阳，切断集庆与南面元军的联系，并从南面包围集庆；北路由张天祐率领，从正面进攻集庆。

至正十五年（1355年）五月朱元璋攻占太平后，元军从四面合围。元右丞阿鲁灰、枢密副使绊住马、中丞蛮子海牙等用大船封锁了采石江面，又堵住了姑孰口，切断了朱元璋回和州的通道。方山寨"义兵"元帅陈野先与康茂才又率水陆军数万人进攻太平府。

朱元璋亲自指挥防守，但形势依然十分危急。这时，朱元璋刚娶的夫人郭氏献上一计，说："库府中还有一些金银，为何不拿出来分给将士，以激发他们的斗志呢？如果城破，留着那些金银还有什么用？"这一席话提醒了朱元璋。他立刻命人打开府库，把金银财物抬到城墙边，当场赏给守城的将士，士气果然大振。

为了缓解方山寨"义兵"陈野先与元军的夹攻，朱元璋派徐达、邓愈潜出城外，绕到陈野先背后。朱元璋自己则与汤和出东门与陈野先交战。陈野先的军队迎战不利，向后撤退时，又遇到徐达军的埋伏，伤亡惨重，部众大多伤亡落散，落荒而逃。跑得慢的都成了俘虏，陈野先本人也被生擒。军士反绑了陈野先的双手把他推到朱元璋面前，陈野先以为必死无疑，不料朱元璋并没杀他，反而还亲自为他松绑。陈野先有些不解，问："为什么不杀我？"朱元璋说：

"方今天下大乱，豪杰并起，称王称帅者不知其数，大多胜者人附，败者附人。将军是位豪杰，难道不明白我的意思吗？"陈野先又问："莫非要我投降？"朱元璋笑道："正是这个意思。"陈野先立即发誓道："如蒙不杀之恩。我愿以死相报。"陈野先又自告奋勇地给自己的部下写了封信，叫他们来降。第二天，陈野先的部下几万人马都投了朱元璋。朱元璋大喜，于是杀牲祭天，与他结为兄弟，约定共击集庆。元军阿鲁灰、蛮子海牙见陈野先被俘，便从采石、姑孰口撤兵，驻于江北峪溪口。

即便如此，朱元璋对陈野先还是有戒心的，他把陈野先留在太平，并把陈野先的人马交给张天祐指挥，出征作战。

陈野先果然是假降。他当初给部下写信，是想激励他们与朱元璋死战，并不是真心劝他们归附，不料弄假成真，他心里叫苦不迭。这次他的部队被抽去攻打集庆，他暗中吩嘱部下不要卖命真打，等他脱身逃出去，再回过头来打朱元璋。由于陈野先的几万人马不卖力，张天祐吃了败仗，撤了回来。有人向朱元璋揭发了陈野先的诡计。

朱元璋对陈野先的举动也有所察觉。朱元璋接到报告后，心里就一直盘算着该怎样处理这件事。他把陈野先招来，对他说："人各有志，不能勉强。从元从我，随你选择，我绝不强迫。"陈野先一惊，但很快镇静下来，他赌咒发誓说："我如果背叛主公再生之恩，天地不容，不得好死！"朱元璋连忙说："那好，我现在派你带一部分将士去扫清集庆南部外围，我随后派兵援助。俟机攻打集庆。"陈野先从言语中听出朱元璋对自己有了怀疑，就加紧与元朝军队的勾结，并设下圈套想诱使朱元璋上钩。

陈野先收集余众，进驻板桥，暗中勾结防守集庆的元行台御史大夫福寿，密谋合击朱元璋。陈野先写信给朱元璋，谎称带兵攻打集庆台城，打了大胜仗，杀死元兵无数。接着采用缓兵之计，建议朱元璋暂时放弃攻打集庆的计划。陈野先给朱元璋写信说："集庆右环大江，左枕崇岗，三面据水，以山为郭，以江为池，地势险阻，不利步战。昔日西晋王浑、东晋苏峻、王敦、隋朝贺若弼、韩擒虎、杨素攻占集庆，靠的都是水军。现在元军和新召入城的苗军联合一处，连寨三十余里，一时难以攻克。时间一久，粮草又成问题。不如向南进攻保阳，东捣镇江，占据险要之地，切断元军粮道，集庆可以不攻自下。"

朱元璋当即识破了他的诡计。朱元璋在回信中说："历代攻克江南，如西晋灭吴，隋平定陈，宋曹彬取南唐，都因长江天堑隔断南北，所以集会舟师，用水军进攻。现在，我的大军已经渡过长江，据有采石、太平要地，即已跨越了天险，扼住了集庆的咽喉。因此水师多少已不是首要问题，以步骑作战，足可以成功。这种形势与晋、隋时是不一样的。你要建功立业，正在今日，何必舍全胜之策而采用迂回之计呢？"这等于下令让陈野先继续攻打集庆。

陈野先一计未成，又施一计。他把元将左答纳识里密约到营中，谎报将其生擒，让朱元璋前去受降。朱元璋没有理会，陈野先的阴谋没有得逞。

九月，朱元璋派张天祐、郭天叙率领本部人马前去和陈野先会合，再次进攻集庆。他们约定，张天祐、郭天叙攻打集庆东门，让陈野先攻打南门。集庆守将福寿知道陈野先是佯攻，所以把兵力集在东门。张天祐、郭天叙几次攻城，都没有得手，只得暂停进攻。

陈野先以犒军的名义，准备了一顿丰盛的酒席，请张天祐、郭天叙赴席。席间，陈野先执杀了张天祐，接着擒了郭天叙。郭天叙被送给元军，也被处死。两人一死，陈野先与福寿内外夹击，红巾军大败，伤死大半。

至正十五年（1355年）九月，郭天叙、张天祐二人被陈野先害死。三军不可无帅，由于朱元璋此前显赫的战功、超人的智谋，众将士纷纷推举他继为主帅，于是郭子兴部将尽归朱元璋。

张、郭一死，他们的旧部全归朱元璋指挥，朱元璋终于成为这支队伍名副其实的统帅。郭天叙是郭子兴的次子，郭子兴的长子已经战死，郭子兴还有个三子叫郭天爵，留在朱元璋手下。朱元璋占领集庆后，郭天爵被小明王委以江南行中书省右丞之职。郭天爵因对朱元璋不满，联络郭子兴的旧部，企图谋反，事泄被杀。

陈野先也没有得到好下场。他在追击红巾军经过金坛县葛仙乡时，当地地主武装头目卢德茂不明真相，听说他降了红巾军，设下伏兵，把他擒住，不由分说就砍了他的头。

至正十六年（1356年）三月初一，朱元璋亲自率军先后破江宁、蒋山，最终到达集庆城下。士兵们团结奋战，拼死效劳，架设云梯登墙入城，齐拥而上，元军根本起不了防守的作用，他们或死或降，一个个急于仓皇逃命。朱元璋攻下集庆，改集庆为应天。

正如朱元璋的谋臣冯国用、李善长等所说，应天是一个龙虎之地，多王者之气，而且地势险要，易守难攻，再加之四周富庶，人口众多，可以保证粮草和兵源的充足供应。朱元璋占领了应天，可以四处出击，扩大地盘；也可以紧守门户，发展势力。

更为重要的是，通过这一次大胜利，朱元璋正式得到了宋政权的重视和承认，为了表彰朱元璋的功劳，小明王特意提升了朱元璋的官职。升朱元璋为枢密院同佥，李善长为经历。不久，又任命朱元璋为江南等处行中书省平章政事，李善长为左右司郎中，以下诸将皆升元帅。于是，朱元璋在应天设立江南等处行中书省，以元朝御史台府第作为公府。

应天的得手，成了朱元璋反元斗争的一个重大胜利。这不仅是因为应天是元朝除了大都、中都以外的最重要的城市，更重要的是借助于这一战略要地，朱元璋被小明王封为枢密院同佥，继而升为江南等处行中书省平章政事。朱元璋终于完成了统一天下大业的第一步。

第二节　十八策

朱元璋占领了应天，开拓了应天根据地，有了进一步扩张的基础。为了确定新的战略方向，朱元璋开始寻找新的目标。

在朱元璋势力不断扩大的同时，元朝日渐衰落。元朝的统治日益腐败，各级政府的粮食供应已经出现了严重危机。由于元朝的粮食供应主要来自今江浙、河南、江西、湖广、陕西、辽宁等地，而这些地方也恰好是农民起义军活动比较频繁的地方，这就使得元廷各地普遍出现了缺粮的现象，就连元朝大都也是如此。由于粮食问题解决得不好，元朝的军队四处作战，到处镇压农民军的起义，也只是疲于奔命，屡扑不灭。尽管如此，朝内高官经常不上早朝，时常大兴土木，对朝政的管理更是睁一只眼，闭一只眼。元廷的统治已经摇摇欲坠了。

对于朱元璋来说，总的趋势还是有利的，但是这并不意味着从此他的反元道路就一帆风顺了。在占领了应天之后，他面对的困难并非来自元廷政府，而是来自起义军的内部。从各个政权所控制的地图上来看，朱元璋的势力在南方，他的前面有小明王控制的宋政权、西边有徐寿辉领导的起义军，东面有张士诚率领的另一支大军，他们不管哪一支军队都要比朱元璋的势力强大得多。如果元军要攻打朱元璋的话，首先得过他们这三道关，所以他们的存在也算是有利于朱元璋的，正好为朱元璋制造了一道天然的屏障。

张士诚和徐寿辉的两支队伍虽然都属于红巾军，但却与朱元璋有着本质的区别。原因在于张士诚和徐寿辉二人由于自身知识、文化的局限性，在有外敌，共同作战时能勇敢善战，互相支援，而一旦外敌的威胁不存在了，他们就是各守一方，甚至在内部利益上爆发冲突，最终导致内讧。

在占领应天之前，朱元璋的势力虽说比以前有了很大的扩张与发展，但仍然不能与张士诚和徐寿辉这几方势力相提并论。张士诚的部队正在四处扩张，一度曾把地盘扩展到了与朱元璋接壤的地方；徐寿辉的军队也对朱元璋的地盘虎视眈眈，企图伺机吞并。况且在朱元璋的周围，还有很多类似的部队。那些被元朝政府收编的地主武装，那些小股的其他派系的起义军，他们随时都有取代朱元璋的危险。朱元璋虽然夺取了一些城池，所面对的形势仍是兵力不强、根据地地形狭长。如果当时的滁州、和州根据地被人从中路拦腰截断，就会导致首尾不继。在众敌环伺之下，朱元璋根据地随时都有被人瓜分的可能。

正因为这样，朱元璋才把根据地扩展到了应天一带。实践证明，到这里建立根据地无疑是正确的，元军有前面那三支大军在阻挡着，他无须有太多的担心和不安。但压力还是有的，而这个压力就是来自周围的同类，即其他的红巾军队伍。

建立应天根据地后，朱元璋面对的压力一方面是来自元朝军队，这方面的压力因为有小明王、张士诚和徐寿辉的起义军作屏障而稍弱；另一方面就是来自其他起义武装的压力，这个压力随着他实力的增强越来越明显。面对这个形势，朱元璋急需制定一个平定天下的大计。

正在这时，朱元璋找到了制定平天下国策的人才——刘基。在朱元璋夺取天下，定夺中原的过程中，得到了许多人的支持，其中最为著名的人才要算刘基，也就是民间广为传诵的刘伯温。

至正二十年（1360年），朱元璋已经攻下了处州等地，因早就听说过刘基的大名，很想与之一聚。后来，他与李善长做了一次长谈，打听刘基这个人的情况。朱元璋问李善长："当年汉高祖刘邦靠什么平定了天下？"

李善长回答："主要是由于刘邦当时有三位具有王佐之才的杰出人物来扶持，所以才得以一统天下。"

朱元璋又接着问李善长："你可以算是我的萧何，而徐达也可算是我的韩信，那么有谁可以当我的张良呢？"

李善长回答说："身在金华的宋濂才大智深，精通诗词，可为张良也，辅佐主公。"而朱元璋面对李善长的举荐却摇摇头说："宋濂虽然有才能，但才能有限，不及青田的刘伯温，宋濂只是长于治国而不善武，但这刘伯温则是兼长文武，是个稀世全才啊。"

刘基，处州青田人，字伯温，现在有许多流传于世关于他的传说，而且这些故事都与朱元璋有着直接或者间接的联系。由于刘基点子高，智谋多，常被后人与诸葛亮、张良等相提并论。

刘基的年龄比朱元璋大了17岁，自幼出身于书香门第，很小的时候便显出其非凡之处，看书速度快，而且记忆力极强，素有"神童"之称。到了17岁的时候，刘基就已经在书院里攻读了。在那里，他对经史诗赋做了很多深入细致的研究，他独到的见解，使得众同窗，甚至是老师都望尘莫及。同时他还对医卜星相做了很多的探讨和论述。但这只是他爱好的一小部分而已，要说他最喜欢的还应该是有关兵法之类的书籍。

民间流传着这样一个传说：由于刘伯温对兵书的苦思与迷恋，

他的虔诚竟然感动了神仙。一天，刘基上山有事，途中的山石竟为他开了一道缝，当好奇的刘基闯进去之后，竟发现面前有一个石头屋子，上面还贸然写着"此石为刘基所开"。刘基将石门用力一推，随着"咣"的一声，石屋的里面竟露出一方白石匣子。刘基走进屋中一看，他看见白石匣子里面放着几部兵书。从此，刘基便像得到了真传似的，精通各种用兵之道、排兵布阵之法。

这具有传奇色彩的一幕，毕竟只是传说，但是需要指出的是，刘基在谋略方面确实有着过人的能力。

同大多数的儒生一样，早年的刘基也是常常在想怎样能出人头地，光宗耀祖，混出点模样来。因此青年时期的他打算到元政府中去谋一份差使，使自己所学的知识有用武之地。但是由于元政府的重蒙轻汉的思想决定了刘基不可能得到重用，再加上当时的元政府已经腐败透顶，使他根本无用武之地。

当时元朝有"杀尽大姓汉人就可以保天下平安"的说法。在这种鬼怪思想的诱使之下，元政府不可能让汉族的儒生有所发展。刘基在考中进士后，等了三年才被授予县丞，被任命到江西高安县去上任。谁知上任之后，刘基才发现当地的地主豪强势力甚大，在惩罚了几个当地的恶霸之后，他的上司知县大人受这些人的压力，迫使刘基不要管这些地主豪强的事。刘基一气之下，索性辞掉了官职，开始游览天下，到处寻访名师，增长学识去了。就在此时，刘基得到了邓祥甫的调教，进步很快。由于在仕途上出师不利，几年之后的他回到青田老家，继续苦读。

日月如梭，光阴荏苒，几年后的刘基已经声名大噪，与那个几年前的毛头小子早已不可同日而语。就在他的名声越来越大的时候，元政府又一次注意到了他，并在至正十年（1350年）把他任命为江浙行省儒学副提举兼乡试的主考。可是事与愿违，由于刘基最看不惯官场中营私舞弊行为，志趣不投，又一次选择了辞职。

至正十二年（1352年），红巾起义军徐寿辉部东下江浙一带，攻陷杭州等地，处州、青田势危力薄，元政府浙江行省再次起用刘基，授以他元帅府都事一职。刘基认为自己这一次终于可以出人头地，放开手脚，大干一场了。于是他踌躇满志，与元浙东宣慰副使共驻台州。

面对义军的大军压境，刘基主张坚决反对元政府对方国珍等人的招抚政策，主张极力打击才是。但谁知方国珍为人狡猾，他派人贿通了元朝政府的各级关节，使得自己免于元朝的剿杀，并还得到升赏。在接下来与方国珍斗争的几个回合中，刘基照样不是方国珍这类小人的对手。后来，刘基被元顺帝以"伤朝廷好生之仁，擅作威福"之罪罢官。接下来虽然几经起用，但刘基所立的几次功劳均被朝廷的上层官员独吞，为人耿直的刘基不肯用金银买路而一再受贬，最终对元朝的统治者失去了信心，辞官归隐处州青田。

朱元璋对刘基早有耳闻，凭借着自己独特的政治敏锐，他下定决心，要把刘基这等能人挖掘过来。早在青田及处州被攻破之时，胡大海就遵照着朱元璋的指示，把辞官归隐的刘基等人的具体情况调查清楚了，并向朱元璋报告了详细的情况。朱元璋在得到消息之后，立即派樊观为特使携带贵重礼品前往处州力邀刘基，而这边的部将胡大海早已等不及朱元璋的答复，便私自派处川总制孙炎亲自去青田请刘基出山了。

身在家乡青田县武阳村的刘基，此时正陷于矛盾的处境之中。他刚刚辞谢过了元朝的说客，又来了义军的使节，他现在所苦恼的不是该选择哪一家、哪一支部队或政权，他所痛苦的是：自己曾是元朝政府的命官，现在只是辞官隐退，在家休息而已，如果在这个时候出山，就无益于背叛了元廷。由于受儒家思想的影响，在刘基的眼里，对当朝皇帝不忠实在是不可饶恕的罪过。忠臣理应效忠故主，这是儒家的根本思想之一，刘基怎么能做出这等不仁不义之举呢？但是还有另外一个念头在刘基的脑子里盘旋了很久，那就是如何实现自己年轻时的理想抱负。

在帝制社会里，男子汉大丈夫成家立业，是被天下人最为看重的。尤其是，儒家学说中的良才遇明主之说，使得刘基认为只有这样才是正确的。可是他虽被元朝政府任用过一段时间，但因时时受气，终不得大用，反而还因为打了胜仗遭到陷害而被罢官。面对朱元璋遣使来请，刘基面临着两难选择：一方面是前途无限的农民起义军，另一方面则是昏庸无能的故主，究竟该倒向哪一面呢？究竟该选择谁呢？刘基想了很长时间也没有决定下来，在他没有想好问题之前，他是不会轻易给人答复的，于是他只好一次又一次地回绝了由胡大海派出的处州总制孙炎。

孙炎仍旧一遍又一遍地来请，一遍又一遍地为刘基讲解分析当时形势的利弊，开通这个忠直儒生的落伍思想与陈旧观念。刘基感到孙炎为人真诚，便送了一把祖传的尚方宝剑给他。孙炎奉还赠物，给刘基带回了一封洋洋上千字的长信，信中这样说：宝剑理应进献给明智的君主，您应当替国家出力，建功立业，这样才是一个大丈夫的真正所为。为国家出力，并不是指为腐朽没落的元朝出力，而应是使百姓过上安居乐业的幸福生活。元朝政府昏庸无能，骄奢淫逸，鱼肉百姓，为他们出力等于是助纣为虐。再反过来看看这边朱元璋的队伍，军纪严明，"神武不杀"，不仅赢得了天下大多数人的民心，还有效地惩治了那些贪官污吏，救百姓于水火，您理应接受这份邀请才是。

刘基并不是一个迂腐到为一个没落的政权尽忠的人。刘基对于当时的情况了如指掌，知道元朝的统治已经接近历史的尾声，而朱元璋的身边聚集着一群忠心耿耿的武士、有才有德的儒士，得天下名士将之荟萃于一朝，大势已经非常清楚。所以当孙炎再次来劝请的时候，刘基索性行扫地出迎之礼，二人做了一番长谈。这时，朱元璋派来的使者樊观也找到了青田武阳村，一再转达朱元璋的诚意，刘基终于决定跟随朱元璋闯荡天下。

《三国演义》里曾写：当初刘备三请诸葛亮出山的时候，曾在草堂里向诸葛亮讨教过天下的大势。当时的诸葛亮一针见血地分析出三国时期的天下大势，一番见解说得是深入透彻，合情合理。而朱元璋也与刘基有过类似的对话。

当朱元璋问刘基怎么看待此时自己已打下的江山，并且询问如何平定天下时，刘基就向朱元璋呈上了时务十八策，把天下时局向朱元璋作了详细的分析，并且指出了解决的方法。

刘基对朱元璋说："主公，现在的优势已很明显，您虽然是一介平民出身，从一无所有到取得如此大的胜利，做事英明果断，且从不滥杀无辜，这是主上的优势所在。可是当前您的面前却有两个主要的敌人：一个是张士诚，一个是陈友谅。陈友谅在西边，包围着饶、信二州，占据着荆、襄之地，等于占了大半个江南，他挟君主以号令下人，他的部下也都是些不怕死的亡命之徒，所以人们都以为是陈友谅的势力最为强大，也最有可能取得天下。但是他却有着致命的缺点：由于接连几次的战役都被元军打败，军队和百姓都深感不堪重负。他的军队，军风军纪不整，对百姓烧杀抢掠，必然会使百姓离心背德，如此一来，民心不得，军心不整，军事能取得胜利才怪呢！而身处东边的张士诚，他所占的都是一些沿海的地方，狭长而不足守，战事顺利，兵力尚强的时候与元朝作对，战事不利，势力低下的时候则投靠元朝，因而这个两面派早就失去了民心。所以从这两个方面分析，我们应该首先消灭陈友谅，且密切关注张士诚的举动，把他作为一个长期斗争的目标，才更为合适。"

朱元璋与刘基的这番谈话，可以说是刘备与诸葛亮"隆中对"的翻版。此时朱元璋身边虽然聚集着众多足智多谋的谋士，如冯国用、朱升、杨宪等，且他们在战争中都起到过相当大的作用，可是却没有一个人能像刘基这样明确分析出天下时局。这正是其他儒生所不能具备的武略之才。

刘基为朱元璋分析了天下时局，指出了朱元璋面临的两个劲敌。刘基不仅精辟地指出陈友谅、张士诚的优点，同时还指出了他们的缺点和弱势所在，指出了制服二敌的方法，为朱元璋的决策做出了具体而明确的指导。

第三节 猛烈吴王

至正二十年（1360年）的春天，朱元璋的势力范围已经包括了浙东的大部分地区，江南的根据地按照朱升的"高筑墙，广积粮，缓称王"建议苦心经营，已经具有一定的经济实力，兵强马壮，粮草充足，进攻陈友谅的时机成熟了。

在时务十八策中，刘基把陈友谅作为战略的第一目标，说："张士诚现为自守自虏之势，不足为虑；而控制着南方长江中游的陈友谅却挟主而胁下，名号不正而且地据上流，妄自尊大，这样的人早晚都会成为祸患，最好抓其弱点而消灭之。消灭了陈友谅，张士诚便不足为患，自可一举而歼之。由此便可北定中原，遂成大业。"

采纳了刘基的建议后，朱元璋便开始准备进攻陈友谅。正如刘基所分析的那样，此时的陈友谅由于已经具有了一定的实力，正想趁机东扩进攻朱元璋。争霸之战已经是不可避免的了。

陈友谅的起家是从徐寿辉的红巾军中开始的。

陈友谅是沔阳人，出身渔家，长得体貌丰伟，力大无比，有一身好武艺。年幼时粗通文墨，还曾做过县衙门的帖书，后来因与上司不和，屡次遭到责罚。他一气之下，回乡与弟友仁、友贵聚众起义，而后在元军的追击下率众投奔了红巾起义军徐寿辉。徐寿辉见他作战勇猛，屡立战功，就任命他为元帅。

至正十六年（1356年）正月，徐寿辉的部下倪文俊在汉阳修建宫室，迎徐寿辉入居，建立天完政权，自为丞相。到了次年九月，倪文俊转而计划谋害徐寿辉，妄图篡夺天完大权。不料，倪文俊想取代徐寿辉自立的计划被人告发，无奈之下只得出奔黄州。

黄州是倪文俊部下陈友谅的防区。陈友谅也是野心勃勃，并不甘心久居人下，因此趁此良机，设伏义兵杀了倪文俊。倪文俊所带领的队伍看到主帅已死，大势已去，只好向陈友谅俯首称臣。从此，陈友谅自恃兵多将广，自称宣慰使，不久又称平章政事，掌握了天完政权的实权，并大力向东南方向拓展势力，这就是陈友谅的发家经过。他逐渐发展成为南方各支起义军中拓地最广、实力最强的一支武装力量。

至正十八年（1358年）春天，陈友谅率领大队人马从汉阳一带顺流而下，开始进攻安庆。安庆与池州隔江相对，溯江而上可至汉阳，顺江而下可达应天。当时的安庆还是元廷在长江中游地区的最后一个据点，由元淮南行省左丞余阙把守。余阙曾是元统元年（1333年）的科举进士，不仅学问渊博，而且精通兵事，是个难得的才子。他已经镇守安庆数十年，一直处于被围攻的状态，面对这次陈友谅大军压境，他也并没有慌张，只是率部拼死抵抗。由于战斗双方力量对比悬殊，最后安庆城池失守。城破之后，余阙继续抵抗，带领部下展开巷战，后来还是因为寡不敌众，负伤自刎而死。他的妻子和一儿一女也都投井自尽。在余阙的带动下，城中1000多名兵民感动之余，自焚而死。陈友谅也对余阙肃然起敬，对其加以厚葬，并题词道："余元帅为天下第一人。"

没过不久，陈友谅率军进攻朱元璋的战略要地太平城。守城将军黑脸花云和朱元璋养子朱文逊率领3000士卒奋起抵抗，在刀枪剑影之中激战了3天，太平城依然是岿然不动。第四天，陈友谅方面军趁着江水上涨，将战船停泊在太平城的西南侧的城墙上，陈军士卒从船尾攀上城墙，跃入城中。这时，主将朱文逊已经战死，黑脸花云率部进行巷战，但终因寡不敌众，被人生擒。被捆缚后的花云，骂不绝口，以死抗争。没想到他突然用力一挣，竟然将捆绑他的绳子给弄断了，他顺手夺过身旁一个士卒的刀，又接连砍杀了五六个人。陈友谅的士兵再次一拥而上，将其捉住。这次把花云缚在战船的桅杆上，用乱箭将其射死。

花云死时年仅39岁。据说就在战斗最激烈的时候，花云的妻子郜氏正领着刚满3岁的幼儿祭告家庙，她哭着对侍婢孙氏说："看来，这太平城池是保不住了，城池一破，我的夫君肯定会被俘或是战死，要是那样我一个人活着还有什么意义？我真是死不足憾啊，只是唯一让我死不瞑目的就是花将军仅此一个孩儿，请你将他保护代养吧。"说完，她把幼儿投入孙氏怀中，转身投井自尽了。孙氏大哭一场，把郜氏的尸体草草安葬了，刚准备抱着幼儿逃出城外时，就被陈友谅的士兵发现了。陈军并不知道这个孩子就是太平城守将花云的后代，他们只是把她们当成城中的普通百姓，因而将她们押入了被俘百姓的行列，一同开往九江。由于小孩饥饿难耐，因而日夜啼哭，孙氏担心陈军一怒之下将其加害，于是就偷偷地把小孩寄养在江边的一个渔民家中。后来孙氏逃出了被押解队伍，又回到了太平，并找到了那户渔民，把花云的孩子带了出来，可是不巧又被陈友谅的士兵发现了。忙乱之中，恰好从江水上游漂来了一块大木板，孙氏跳入江中，一手怀抱小孩，一手扯过木板，随波流入芦苇荡中。她们在水中漂流了整整七天七夜，饿了就靠莲籽充饥，渴了就以江水食饮。最后，还是在一位老渔翁的帮助下，她们才找到了朱元璋的军队。朱元璋听说这是黑脸将军花云的后代，急忙召见孙氏。当他把小孩抱过来放在自己膝上的时候，动情地说："花将军为我效死卖命，不负于我，我怎能负他，这个孩子我一定要替他养大！"朱元璋给小孩赐名炜，交给马氏细心照料。后来花炜长大以后，也成了一个威武的将军，还被朱元璋任命为水军指挥佥事。

陈友谅攻占了太平城之后，把徐寿辉也挟持到了这里。得意忘形之下，他认为应天城也是指日可待，便萌生了杀害徐寿辉的想法，想取而代之为江都王。他挟徐寿辉东下，绕过池州，夺占采石。刚到采石，陈友谅就派人杀了徐寿辉。紧接着，陈友谅便迫不及待地于五通庙就帝位，当上了皇帝，改国号为大汉，年号大义。

自称汉王后，陈友谅派人约张士诚从东面攻打应天，自己则从西面进攻，试图一举消灭朱元璋。

至正十八年（1358年）四月，陈友谅派遣部将赵普胜从安庆路江边的枞阳东进，攻打池州。池州守将赵忠兵败被擒，池州失守。赵普胜在池州和安庆之间的枞阳建立水寨，派重兵把守，防止朱元璋的偷袭。大将徐达看从正面进攻不利，便绕过水寨，攻占了安庆附近的潜山。这时，徐达奉命回守池州，命部将俞通海指挥攻打安庆。俞通海遭到赵普胜的顽强抵抗，久攻不克。朱元璋认为赵普胜纯属有勇无谋之人，而其主陈友谅挟主胁众，彼此之间更是心怀疑虑，他想使用离间计将其灭掉。

赵普胜府中有许多门客，他们善于出谋划策，帮了赵普胜不少忙，赵普胜也很器重他们。恰好朱元璋手下有人与其中一位门客相识多年，朱元璋便让这个人与赵府中的那位门客交往，暗中挑拨门客们和赵普胜的关系。朱元璋还叫人给那位门客写信，并故意误送到赵普胜那里。这一招果然奏效，赵普胜对门客们产生了怀疑。而那位门客因怕赵普胜对其下毒手，深感不安之余，索性投奔了朱元璋。朱元璋见这位门客投奔了自己的门下，非常高兴。朱元璋又生一计，他重重地奖赏了那位门客，并且派他去陈友谅处，告诉陈友谅说赵普胜准备造反投奔朱元璋。

朱元璋的离间计果然奏效，陈友谅见赵普胜参加起义的时间早，战功显赫，威信也高，早就对赵普胜存有戒心，时时刻刻提防着他。现在听了这位门客的一席话，更加疑忌起赵普胜的行动目的了。他立刻派人到安庆去打听虚实。由于赵普胜不知事情的真相，对陈友谅派来的人大摆自己的功劳，给陈友谅造成了一种假象，真的以为赵普胜对他不满，要投奔朱元璋，终于相信了门客的话，并决心将赵普胜一举铲除。

陈友谅带上士兵，乘舟至安庆。到达安庆后，陈友谅在战船上摆下了酒宴，把赵普胜骗到船上加以杀害。至此，陈友谅身边就少了一员猛将。朱元璋趁此良机大举进攻，但是由于安庆城池太坚固了，实在是易守难攻，朱元璋几次攻击，均仍未能得手，感叹之余，只好暂时作罢。

至正二十年（1360年），陈友谅的军队再度南下进军池州。幸亏朱元璋对此早有准备，他对守将徐达和常遇春授计说，陈友谅狂妄自大，早晚还会犯我池州，你们应在城中留5000人防守，另派遣1万人埋伏在城外的九华山。如果陈友谅来兵侵犯，城里就以摇旗鸣鼓为号，令伏兵从敌人的背后杀出。这样出其不意，必能制胜。徐达、常遇春依计行事。

陈友谅的军队来势汹汹,渡过长江之后直奔池州。不料朱元璋早有埋伏,将其阻于池州城下。陈友谅刚想撤退,后面又遭到九华山中伏兵的袭击,前后受敌,1万余人战死,另有3000多人被俘。

至正二十年(1360年)闰五月初五,陈友谅又派人约张士诚一起进兵应天,企图直插朱元璋要害,一举消灭朱元璋的势力。

陈友谅大举东下,攻克太平、采石二城的消息,给朱元璋造成空前的震动,包括朱元璋幕府中的智囊人物也始料不及。就当时的敌我实力对比来看,朱元璋并无任何优势可言。陈友谅当时已占有了江西等众多地区,地盘要比朱元璋大上许多,兵力也超过朱元璋的部队,尤其是陈友谅的水师,其数量已是朱元璋的7倍以上。

陈友谅的水师包括名为混江龙、塞断江、撞倒山、江海鳌等100多艘巨舰。光听这些船舰的名字就已经让人胆寒了,何况再与之作战。从以上这些实力对比的结果来看,一些文武官员一时六神无主,惊慌失措也是情理之中的事了。

密室中,刘基对朱元璋说:"我军之所以畏敌,就是因为那些主降派的将领搞的,正是因为有他们才使得军队内部人心惶惶,根本无心应战。所以建议把那些主降派和主张奔钟山的将领全杀掉,这样团结一心,众志成城,陈友谅还打不败吗?"朱元璋点着头陷入了沉思。

刘基又接着说:"陈友谅绑架君主,自称其帝,名不正言不顺,而言不顺则事不成。这次他率兵前来攻我,别看他貌似强大,其实匆匆而来,上下离心,人心不合。常言道'后举者胜',所以说陈友谅气势汹汹来攻我们其实并不可怕,我们要避其锋芒,以逸者而等待疲惫之师,还有什么不能攻克的呢?要我说还不如把府库所存储的金银钱财全都拿出来犒赏守城的将士们呢,跟他们开诚布公地讲明利害得失,使得将士们明白应该听从号令,团结一心。在战术上我们可以设计诱敌深入,声东击西,出其不意,攻其不备,使陈军左右难防，悻悻而归。也许可以的话，我们还能一举歼灭陈友谅，这不正是建立自己威望和王业的大好时机吗？"

刘基这番话说得朱元璋是茅塞顿开，终于找回了自信。朱元璋决心实行战略转移，改取固守东南、向东北和西线出击的方针，并根据东西两线的不同情况，决定先集中力量打击陈友谅，然后再对付东南方向的张士诚。战略方向已经确立，但是该如何打赢这场战争呢？有人主张不能坐以待毙，提出主动出击，强压之下，收复太平。可是朱元璋觉得这样做有些不妥。他的分析是，陈友谅的优势在于舟师、船舰的使用，他之所以能够攻克太平，靠的就是强大的水师。如果我们从陆路进攻的话，就太难得手了，因为太平城壁坚固，粮草充实。看来我们从水路进攻，无疑是用我们的短处去对付敌人的长处；而从陆路进攻，同样是不易取胜。他又陷入了冥思苦想之中。

朱元璋又想起了刘基的话，诱敌深入、设伏聚歼、声东击西、出其不意……这些词语，始终围绕在朱元璋的脑子里。朱元璋充分发挥了自己的聪明才智，准备来个请君入瓮，再来个瓮中捉鳖的作战方案，在应天与陈友谅展开决战。

在战略方针和作战方案确定之后，朱元璋不仅不再担心陈友谅来进攻应天，反而担心他不来进攻。陈友谅此时已将几十万舟师陈列于太平城外，百余艘巨舰和无数条战船正威风凛凛，傲视群雄，试图随时将朱元璋的军队吞并。真是万事俱备，只欠东风了，而这"东风"指的正是张士诚方面的鼎力支援。

朱元璋这时最担心战争旷日持久。如果陈友谅真的得到了张士诚的援兵，两兵相合，腹背受敌，到那时不用说取胜了，就是保命都难了。正基于此，朱元璋争取陈友谅在不与张士诚联手的情况下单独采取行动，单方面进攻应天，利用陈友谅骄傲轻敌、求胜心切的心理，诱其从速进兵应天，以便尽早将其一举歼灭。

朱元璋把陈友谅的老友、元朝的降将康茂才叫来，让他与陈友谅主动接近，假装投奔陈友谅，招之速来，然后将其带入伏击圈，分兵三路，以削其强，以制其势。

康茂才按照朱元璋的嘱咐，亲手给陈友谅写了一封诈降信，然后又派了手下一个曾经侍候过陈友谅的忠实可靠的老门房去见陈友谅。这个老门房当夜就划着小船偷偷来到太平陈友谅军的驻地，将康茂才的亲笔信交给陈友谅。

陈友谅读了信，忙问："康公如今何在？"

老门房说："在守卫江东桥。"

陈友谅又急忙问道："这江东桥是个什么样的桥啊？"

老门房答道："木桥也。"

陈友谅又向老门房了解了朱元璋军中的一些情况，当他听说应天城内已是一片恐惧气氛时，不禁喜上眉梢，笑逐颜开。陈友谅设酒食招呼了老门房，临别约定五月初十出发，与康茂才在江东桥会合，并以呼"老康"为暗号，然后转而攻应天。

老门房回到应天后，向朱元璋汇报那边的情况，朱元璋大为高兴。兴奋之余，抓紧部署，命令谋士李善长连夜把江东的木桥拆掉，另建一座铁石桥以利作战之用。这时刚好有个富民从陈友谅军中逃回应天，说陈友谅曾打听过新河口的道路。朱元璋遂又命赵德胜带人横跨新河修建虎口城，派兵驻守，并根据应天周围独特的地理位置，令常遇春、冯胜等率领帐前五翼军3万人马，于城东北江南岸的石灰山侧设伏；派徐达等率兵屯驻于南门外雨花台一带；令张德胜、朱虎率舟师出城西北的龙江关外；派杨璟驻兵城西南的大胜巷；自己则率主力屯驻于城北卢龙山，并在山左偃伏黄旗，山右偃伏红旗，规定敌人进入埋伏圈时，以举红旗为号；举起黄旗时，伏兵立即出击。在此之前，朱元璋还派胡大海自行州率兵西捣信州，威胁陈友谅的侧后，进行牵制。这一部署可谓相当严谨，现在就等着陈友谅上钩了。

正如刘基所分析的情况那样，陈友谅弑主僭位，急急称帝，并一举舟师东下，这表明他太骄傲了，以至于失去了理智，尽管有人在旁边提醒他，谨防有诈，但是陈友谅根本听不进去。陈友谅对老朋友的约降已是深信不疑，他已经把成功的希望完全寄托在康茂才的内应这一点上。这些无不显示出他的志得意满，求胜心切。

至正二十年（1360年）闰五月初十，陈友谅不等张士诚方面作出答复，就贸然率领舟师浩浩荡荡东下，直奔应天而来，企图内外接应，侥幸取胜。当他的大队人马来到新河口的大胜港时，受到了朱元璋留在这里的部将杨璟猛烈的阻击，由于这新河水道狭窄，只能容纳两艘战船并排行驶，使得陈友谅大队的水师无法展开，看着河对岸又出现了一座新城。陈友谅只好下令撤出，沿大江进逼江东桥。当到达目的地时，已是天色昏暗，陈派人上前一看，见明明是一座铁石桥而并非木桥，大为吃惊。他接着又连呼暗号"老康"，半天不见回应，方知上当受骗了，忙和弟弟陈友仁掉转船头，率领1000多艘战船折往龙湾方向，并命令1万士卒率先登陆立寨安营。

此时陈友谅所到的位置，正处于北有常遇春、冯国胜的伏兵和张德胜舟师，南有徐达雨花台守军的中间部位，而他所面对的卢龙山正是由朱元璋本人把守。朱元璋此时已把陈友谅的一举一动尽收眼底。他这时突然想起了当年谋士冯国用所说的："集庆之地虎踞龙盘，进退自如。"不错，为这一险固之地，朱元璋心中消灭陈友谅和张士诚的信心更加增强了。他纵兵待敌，用兵从容，镇定自若，然而他的部下却再也沉不住气了。当他的部将要求马上出击时，他却说："不要着急，看看这天色，马上就要下雨了，咱们先吃饭，等雨到来的时候，趁着夜色和大雨再发动攻击，岂不是效果更好！"

由于当时天气炎热干燥，军帐外面的士兵们早已个个浑身透湿，痛苦难耐，就连朱元璋自己的衣衫也已被汗水浸透。可是正如朱元璋所说的，不久一阵微风刮过，忽然响起沉闷的雷声，顷刻间下起了瓢泼大雨。这时，只听朱元璋一声号令，卢龙山右侧的红色信号旗高高举起，埋伏在卢龙山的士兵蜂拥而出，借着雨水的掩护，出其不意地直抵陈友谅安营扎寨之地。正当两军开战之时，雷雨天气也已雨过天晴，此时正是大举进攻的良机。朱元璋下令擂响战鼓，冯国胜、常遇春带领伏兵杀向了龙湾，徐达也带兵从南门外赶到，会同张德胜、朱虎的舟师，内外夹击。正在避雨的陈友谅军队，猛然间见冲出大批伏兵，全都震惊了。朱元璋的几路伏兵奋力冲杀，把立足未稳的陈友谅军队打得晕头转向。

陈友谅所部在此战役中被动异常，几乎全无还手之力，大部分士卒登舟竞相逃命。时值退潮，高大战船全部搁浅，士卒、将士乱作一团，互相践踏，被杀和落水者不计其数，一时之间，陈友谅的"铁蹄"，灰飞烟灭，被俘达两万余人。陈友谅见自己的部将张志雄、梁铉、俞国兴、刘世衍等纷纷投降，自己的巨型指挥舰也被缴获，便和剩下的几个亲信换乘小舟，向江州方向逃窜而去。

在这场战役之中，朱元璋的军队缴获百余艘巨舰和几百艘战船，朱元璋的士兵们从巨舰的卧席下搜出了康茂才的诈降信，朱元璋看到这封信，得意地对身旁的将士们说："陈友谅愚昧至此，简直太可笑了。"龙湾之战后，朱元璋乘胜收复了太平。

这场惊心动魄的战争，可以说是朱元璋建立江南行省以来的第一场事关存亡的大战，是决定朱元璋的义军未来命运和发展方向的决战。朱元璋在刘基的分析和鼓励下建立了必胜的信心，充分发挥了自己的聪明才智和善于把握兵略的优势，并且知人度势，巧妙利用陈友谅的狂妄自大、轻敌的求胜心理，采用诈降之计，完成了诱敌入瓮，调集优势兵力，集中火力，设伏聚歼的战略构想，不仅歼敌于应天城外，而且使朱元璋的部队威声大振，响彻四海。

经过应天城龙湾一战，朱元璋大败陈友谅，对张士诚也起到了敲山震虎的作用。原来，张士诚曾答应了陈友谅一起攻击朱元璋的计划，但张士诚为人谨慎，没有陈友谅那么狂妄自大，而且他认为应天易守难攻，地势险要，贸然进兵应天，简直是凶多吉少，所以虽然嘴上答应了陈友谅，私下里却是守境观变、按兵不动。当看见陈友谅在应天龙湾大败时，张士诚暗自庆幸自己未曾上当。

应天保卫战不仅打出了朱元璋的豪气，打出了朱家军的威风，而且彻底消灭了企图与朱元璋政权为敌的武装的志气。一些地方武装力量见朱元璋形势好转，盛势之下并有大业之象，于是对朱元璋更加畏惧起来，有的甚至纷纷来降。但朱元璋并没有被胜利的喜悦冲昏头脑，而是按照刘基、朱升、李善长等一班智囊人物的谋划，按部就班，积极备战，防备陈友谅的反扑报复。

陈友谅虽然经龙湾之战惨败，但是他并不服输。又于至正二十一年（1361年）五月至次年二月间，在江州和湖广再举战事，但事与愿违，三次战事接连惨遭失败。陈友谅更加气急败坏，企图夺回已失去的故地。而此时的朱元璋，挥师西进，乘胜追击，一举收复了整个江西地区及湖北的东南部。朱元璋实力增强，兵强马壮；陈友谅势力日渐削弱，已经没有什么实力可言了，就更别提与朱元璋一决高下了。

朱元璋收复江西之后，陈友谅的旧部看到陈友谅大势已去，于是纷纷前来投靠朱元璋。这其中最具代表的要属陈友谅的江西行省丞相胡廷瑞了。

胡廷瑞是陈友谅的旧部，跟随陈友谅作战多年，可是看到眼下的形势，他早已改变了看法，他和平章祝宗等人到江州，向坐镇督战的朱元璋请降，但是他的投降有一个条件，那就是要求保留原有的部下。

朱元璋得知此事后，看着殿下跪着的胡廷瑞，心里开始犯起嘀咕来。朱元璋之所以能在应天龙湾取胜，靠的就是诈降这一计策，现在陈的部下来投奔，会不会又是反其道而行之，以牙还牙呢？况且降就降吧，何必非得要保留自己原有的部队呢？这不能不让朱元璋警惕。

朱元璋身边的智囊人物刘基看出了主公的犹豫，他当时正站在朱元璋身后，暗中用脚踢了踢朱元璋的坐椅，朱元璋是非常依赖刘基的，自己这些年来的成功业绩都离不开刘基的辅佐，因此，刘基在身后提醒后，朱元璋立即答应了胡廷瑞的要求。

胡廷瑞为了向朱元璋表示投诚的决心，于至正二十二年（1362年）正月，先派自己的外甥赴江州投降，而后又和祝宗等于龙兴新城门外迎接朱元璋。朱元璋也是明理之人，感动之余，去看望了胡廷瑞的母亲，又命胡廷瑞留任原职。

至正二十一年（1361年），33岁的朱元璋攻克陈友谅的老巢江州，之后又分兵攻取了南康东流、黄州、广济、建昌、蕲州、饶州等地。小明王封朱元璋为吴国公。朱元璋本人也把自己的枢密院改为大都督府。

至正二十二年（1362年）却成了朱元璋的坎坷之年、多事之年。先是降人蒋英复叛，胡大海遇害，紧接着便是邵荣谋害自己，事泄被杀。

经历了一系列内乱的风风雨雨之后，朱元璋迎来了新的一年——至正二十三年（1363年）。这一年，朱元璋做了两件可以称得上是威震天下的大事：第一件是援救安丰，支援小明王，而另一件便是在鄱阳湖与陈友谅展开生死大决战。

至正二十三年（1363年），北方起义军骤起事端。张士诚派部将吕珍带领十万大军帮助元廷开始进攻安丰，张士信领兵殿后。善者不来，来者不善，大军压上，来势汹汹。刘福通几万人马被困于安丰这孤城之内，准备作殊死搏斗。安丰城池实在太小，粮食本来就已紧缺，经过几十天的围困，城中粮食早已断绝。刘福通先是把自己心爱的战马杀死，吃其肉，喝其血。马吃完了，士兵们又不得不用那些老弱妇孺充饥，这还不算残忍的，更有甚者把已经埋在地下腐烂的尸体也挖出来吃，最终导致浑身浮肿。军中还有人把井底的淤泥捏成丸子，然后用人油炸了往肚子里填。小明王韩林儿在宫中也是整日哭泣，刘福通在万般危急之中，不得不派人去应天向朱元璋求救。

朱元璋担心张士诚攻破安丰之后，更加如虎添翼，从北面威胁到自己的根据地，而且考虑到君臣名分，决定亲自前去赴援。这时，刘基家中有丧事，未在朱元璋身边，可是一听到北方的消息，立即提前赶到了应天，辅佐朱元璋。

刘基认为张士诚胸无大志，只是求得割地自守，暂时不会对朱元璋有什么威胁。眼下的劲敌是陈友谅，陈友谅时时刻刻都在寻找着机会，企图沿江东下，建造自己的江南霸业。如果现在出兵救援安丰，陈友谅很可能趁此时机乘虚而入。所以，刘基建议还是应该先集中精力对付陈友谅，在消灭了陈友谅之后，再收拾张士诚，就如同囊中取物。况且把小明王救出后也不好安置。

朱元璋知道刘基的意思是对小明王那边坐视不救，借张士诚之手除掉这个名分上还统辖应天政权的皇上。但是，朱元璋不能这样做，也许是出于"缓称王"的目的吧，也许是他不相信陈友谅在经历过了一系列的失败之后，还会迅速调集自己的力量，所以朱元璋主张要像快刀斩乱麻一样击败张士诚围攻安丰的部队，然后再调转矛头，回过头来对付陈友谅。

至正二十三年（1363年）三月初一，朱元璋亲自率领徐达、常遇春两员最得力的大将和主力部队向安丰方向进军。

当朱元璋的军队到达安丰之时，正值吕珍已将安丰之城攻破，红巾军将领刘福通战死。朱元璋的军队进城之后，与张士诚的军队展开了激战，把小明王救出了安丰城。朱元璋与吕珍展开激战，猛将常遇春率先冲锋在前，三战三捷。吕珍抵挡不住，见势不妙只得败退。接着，朱元璋又命徐达、常遇春等人攻打庐州，自己则先回应天，并摆设銮驾迎接小明王。途经滁州时，朱元璋建造宫殿，将小明王安置在那里，供养起来。同时又把小明王的左右侍臣全都换成了自己的心腹，以便监视。这样，小明王完全被控制起来了。

果然不出刘基所料。陈友谅听说朱元璋兵出安丰，支援小明王，便以为时机已到。陈友谅在自己控制的各个地区，强拉壮丁，要求辖区内的平民百姓们必须每三人中出一个壮丁，拼力凑齐了60万人马。还在湖广行省征集了大量的农夫、市民，作为预备兵，企图一举拿下朱元璋，以报当初兵败蒙辱之仇。而且，陈友谅这一次所造的战舰比龙湾那次的还要巨大威猛，舰高数丈，长几十丈，战舰的外侧涂上红漆，上下三层，每层都设有马棚，可以跑马，而且隔层很厚，住上下层的人彼此听不到说话。最底下的一层设板房。置放几十支大橹，为了增加橹身的坚硬程度，陈友谅命人纷纷把橹身用铁皮包裹起来。战舰共分三种：大舰可载3000人，中型战舰可载2500人，小型的也可载2000人之多。

在经过了3个月的草草训练之后，陈友谅就急不可耐地倾巢出动。60万大军，旌旗列列，浩浩荡荡，向南昌方向全速驶来。为了志在必得，陈友谅甚至把百官们的家属一起用船载来，以表示自己必胜的决心。

然而，陈友谅却在决策上犯了一个重大错误。他没有直接进攻朱元璋安身立命的大本营应天，而是扑向洪都。在军事行家看来，这是一个极大的错误，因为这个时候应天府中兵力空虚，如果不趁此良机一举夺得，今后将会困难重重，不打应天反而去攻打洪都，将会使朱元璋腾出时间，撤兵返回。据史学家推论，陈友谅之所以不攻打应天，很有可能是鉴于上一次攻击应天城失败的教训，才导致他并没有直接进攻应天，而是攻击洪都。

朱元璋的洪都守军不足1万人马。大都督朱文正得知陈友谅气势汹汹而来，迅速进行了紧急动员，派遣参政邓愈守卫最重要的要道——抚州门，元帅赵德胜坚守宫步、士步、桥步三门要地，并且指挥薛显守章江、新城二门，大将牛海龙等守琉璃、精台二门。朱文正自己率2000人，居中节制，进行全面的指挥调配。洪都城的西南面城墙，濒临赣江，过去陈友谅曾经攻占过这座城池，他是趁江水上涨之际，从船上直接架梯攀附城墙，一干人马迅速攻入城中的。自陈友谅手下大将胡廷瑞归附后，朱元璋鉴于上次攻城的教训，责令将士拆毁西南部的旧城，然后再离江岸后退30步修筑新墙。这次陈友谅来犯，还以为环境同上次一样，还想用高大的战舰直接攻入城中，可谁知来到眼前一看，船只根本靠不到城墙，他无奈之下只得弃舟，率兵登岸围攻洪都。

跟朱文正所预料的一样，战斗最激烈的地方正是在抚州门。陈友谅这回亲自督兵猛攻，士兵们手执大盾，冒着城上飞下来的矢石，勇往直前，一个劲儿地往上冲。不一会儿，就听到一声巨响，原来城墙被攻城士兵炸开了一个30余丈的大口子。攻城的士兵蜂拥而上，就在陈友谅攻城就要得逞之时，邓愈率领部将改用火炮还击。一时间，枪林弹雨，火光乱窜，攻城士卒慌乱之中，躲闪不及，一个个被打得头破血流。陈友谅见势不妙，命令退兵，邓愈见此时机，立即派人竖起木栅，以便挡住那30余丈的缺口。木栅还没有完全竖起来，陈友谅又反攻过来，双方开始展开肉搏之战。守将邓愈奋力拼杀，杀死数敌，这时朱文正也带着一行人马赶来增援。朱文正率军战斗不停，筑城不止，就这样循环往复，用了整整一夜的时间，终于堵住了那个大豁口。而在战场的另一侧——新城门，守城大将薛显率领敢死队主动开门出击，斩杀了陈友谅汉政权的平章刘进昭。

战斗一直持续到六月中旬，陈友谅开始从长计议，改变攻击策略，专攻水关，想破栅而入。朱文正派壮士用长槊从棚内向外刺杀。陈友谅士兵纷纷从木栅外面抓住长槊，双方就这样紧抓不放，争抢不休。这时，朱文正急中生智，他又命士兵用铁钩穿透木栅刺杀对方，结果陈友谅士兵的手被刺烂，痛哭惨叫，纷纷落荒而逃。

气急败坏的陈友谅改为攻取宫步、士步二门，守城部将赵德胜坐镇宫步门楼指挥防守，在激烈的战斗中不幸被流矢射中腰部，锥头深入身体六七寸深。赵德胜愤怒地拔出箭头，大声说："自我从军以来，多次被矢石所伤，可是，可是……"这时他看着腰腹间流出的血，脸上的表情显得痛苦万分。"大丈夫死不足惧，只恨我主还没有扫清中原这些……"话未说完，便气绝身亡。之后，元帅牛海龙等人也都先后战死。

洪都此时已经被陈友谅的军队层层包围，与外部断绝了联系。此时的朱文正已渐渐感到战争局面难以扭转，于是他派遣张子明趁着夜色乘小船偷偷摸出敌营，向身在应天的朱元璋告急。可是远水解不了近渴，他又派了一个绰号为"舍命王"的人，用诈降方式约见陈友谅，以便为朱元璋援军的到来拖延时间。陈友谅竟然相信了这个"舍命王"的话，放松了对洪都的进攻。

可以说，此时的陈友谅已经为他的错误决定付出了沉重的代价。

从他到达洪都之后，发现城南的城墙已经不是可以利用巨大的舰船就能攀上的事实开始，他就一步步陷入了与守城士兵纠缠不清的泥沼。由于他的船只离江岸还有一段相当长的距离，陈友谅不得不弃船上岸，这样一来所带来的战舰便成了一个个毫无用处的摆设。

强攻不如智取，可惜陈友谅并不懂智取。陈友谅仗着人多势众，浩浩荡荡的60万人马开始强攻洪都，但是他并不重视洪都城墙的坚固，地形的限制，所能投入的兵力十分有限。尽管取得了一些战绩，但是他又中了朱文正的诈降之计。如此一来，时间竟达3个月之久，当然，这对朱元璋是大为有利的，为他的回师救援争取了时间。

陈友谅终于等到了约定的时间，他兴高采烈地准备进城之时，这才发现城内已经筑造了新的工事，准备继续进行抵抗。陈友谅气急败坏地命人把那个什么破"舍命王"拉到城下杀了，游街示众，显示其军队的威猛。可是这样一来，反而激起了守城将士的志气，纷纷以死抗争。

诈降为洪都守军赢得了宝贵的时间。当时，朱元璋的两员大将徐达、常遇春正在围攻庐州。庐州守将左君弼原来也是红巾军，后来投靠了张士诚，出兵帮助吕珍攻打安丰。朱元璋击退吕珍后，令徐、常二人攻打庐州。这时日夜兼程的张子明已经到了应天。当朱元璋听了守城方面的汇报后，忙问陈友谅的军队情况如何，张子明说："陈友谅的兵力虽多，但战死伤亡的也不少。现在由于江水已快干涸，对贼兵的大船甚为不利，况且他们长期围攻洪都城下，粮草必然短缺。再加上人心不合，假如援兵一到，必可破敌。"朱元璋让张子明先回去，告诉朱文正等再坚守几天，他会马上亲自带兵解围。

洪都被围的同时，徐达、常遇春二人正在攻打庐州，但庐州城池坚固，一时无法攻克。朱元璋认为不能因为庐州而失去洪都，就急忙命他俩撤围回师。七月六日，朱元璋援救洪都的军队与徐达、常遇春军在龙江会师，共20万人马，杀向洪都。

当张子明返回洪都时，不巧在湖口被陈友谅的士兵抓获。士兵们把张子明带到陈友谅的面前，陈友谅见他是条汉子，便想留用，就对张子明说："你若是能诱降朱文正，本人非但不治你的罪，而且还可以保你富贵。"张子明机灵过人，他先假装答应陈友谅的反间计，可是到了洪都城下，他突然对着守城士兵们大喊："我已见过主公，援军就要赶到，你们一定坚守住，坚守……"话还未说完，陈友谅便立即从后面将他刺死。

朱文正和将士们听到张子明在城下的喊话，更加坚定了守城的决心，准备迎接陈友谅的挑战。

陈友谅听说朱元璋亲自率军来援，便停止了对洪都的进攻，只留少数兵马围城，自己率领舟师主力开进鄱阳湖，摆开决战的架势，迎战朱元璋。不久，陈友谅和朱元璋两军相遇于鄱阳湖。在鄱阳湖的康郎山下展开了决定生死存亡的大战，这就是历史上有名的鄱阳湖大战。

战争序幕刚刚拉开时，朱元璋先派指挥戴德率领一支军队驻江北径江口，另派一支军队则是紧靠湖口的南湖口嘴，像两个门神一样，守住了鄱阳湖到长江的这个必经出口，封堵住了陈友谅的归路，把他围在了鄱阳湖里面。

至正二十三年（1363年）七月二十日，两军在鄱阳湖南部的康郎山相遇。朱元璋对他的部下们说："两军相遇勇者为胜。陈友谅这个老贼围攻我洪都八十五天之久，现在主动提出撤围，准备与我交战，肯定是下了很大的决心的。诸将请注意，看来敌人是准备与我们拼命的，我军已是有进无退，所以我们理应拼死效力，灭取此房！"

朱元璋的讲话极大地鼓舞了士气。但是仅仅具有精神方面的支持还是不够的，面对陈友谅的高大战舰，联舟布阵，在湖面上一排十几里的壮观景象，朱元璋也曾暗暗发出自愧不如的感慨。朱元璋所用的船只毕竟都是一些小船，交战时必须仰攻，兵力又不及对方的强大、威猛。所以在第一天的战斗中，朱元璋打了败仗，损失虽然算不上惨重，但是军中的气势已明显被陈友谅一方压住了。

第二天，徐达率部下冲到陈友谅的战舰阵营中，杀敌1500多人，可喜的是还缴获了一艘名为"撞倒山"的巨舰，使得军中士气大振。俞通海也乘机发炮，击毁陈友谅的20余艘战船。不过在激战中，徐达的战船也受到重创，他所在的战船被敌方炮火击中，他一面派人扑火，一面继续指挥着战斗。朱元璋见状，立即乘坐他的战船前来支援。陈友谅的太尉张定边发现了此船与众不同，最为可疑，上前一看才知，原来这就是朱元璋的指挥船，于是他令士兵一起攻击这艘战船。

朱元璋的大船在躲避敌人的围追堵截中，触礁搁浅，陈友谅见机马上派人围攻。朱元璋的部将韩成与陈兆先等人为保其主，奋力抵抗，不让敌舰靠近。可是敌人还是不顾一切地往指挥舰上冲。

万分危急之时，韩成向朱元璋提出要扮成朱元璋的模样，引诱敌人调转方向，追击自己。但是朱元璋不同意，他怎能让跟随自己多年的兄弟为自己送死。可是韩成还是一个劲地请求，眼看陈友谅的战舰已经围了上来，朱元璋这才同意了韩成的请求，他脱下袍服冠冕让韩成穿戴上。韩成舍生忘死，故意出现在船头，假装指挥着战斗，然后又装作投湖而死。张定边这才放松了对朱元璋的进攻，和将士们一齐欢呼起来。

恰在此时，常遇春驾船赶到，这位神射手弯弓搭箭，一箭射出，击中了张定边的前胸，张定边顿时应声倒下。这时，俞通海、廖永忠的战船也赶来救驾。船多浪急，涌动的湖水一下推动了朱元璋的白色大船，这才使朱元璋脱离了险境。然而由于常遇春的战船驶得太急，太快，冲进了浅流之中，也搁了浅。朱元璋等人再回过头来救常遇春时，陈友谅的舟舰见状又围攻了上来，双方再次展开激烈的争斗。正当常遇春的战船无法动弹，坐受围攻之时，恰巧有条快沉没的敌舰从上游漂了过来，撞上了常遇春的战船，结果歪打正着，正好把他的战船撞出了要命的浅滩。

战斗从早上一直进行到夜幕降临的时候，双方才各自收兵。朱元璋部将陈兆先等人阵亡，陈友谅那边，张定边身中百矢，血染盔甲。当晚，朱元璋担心张士诚会与陈友谅联合起来趁机进攻应天，于是命令徐达立即回守。

二十二日，战斗进行到了第三天。朱元璋继续亲自督战，这回他把水师较为集中地分为左中右三队，向前进攻。陈友谅的战舰阵形为一字排开，一眼望去，旌旗招展，就好似一排重峦叠嶂，阻挡在眼前。朱元璋的战船以小击大，损失惨重，左翼军此时已不得不开始向后退却，朱元璋气急之下下令斩杀了10名水军队长，但仍然不见形势好转。这样下去非自取灭亡不可，他为此焦急万分。

这时，部将郭兴对朱元璋说："不是将士们不服从军令，实在是敌我双方实力相差太悬殊，敌军船舰那么大，我们船小力薄，登船都不可能，我看现在咱们还是用火攻吧。"这句话提醒了朱元璋，朱元璋茅塞顿开，他吩咐部将常遇春调来七艘渔船，船上装满芦苇，然后又放上火药，在仓外遮上棚架，进行伪装，还扎了许多稻草人，穿戴甲胄，各执兵器，以便迷惑敌兵。常遇春还精心挑选了一批敢死队员，驾驶这些草船，前往敌军。

傍晚时分，夕阳西下，湖面上刮起了微风，层层波浪泛起粼粼波光。七艘草船借着风势驶向了陈友谅高大而又笨重的战船。趁着夜色，朱元璋的草船已经慢慢地来到陈友谅的巨舰身旁，几名敢死队员，纷纷举手示意，然后便一齐点燃草船。大火刹那间吞噬了草船，敢死队员们跳下草船，湖水把船推向陈友谅的战舰。风急火烈，陈友谅的战舰一齐跟着草船燃烧起来。由于陈友谅的巨舟互相连接，一个接一个的，谁也无法摆脱这熊熊的烈火，而火势则乘着东风迅速蔓延开来，一时浓烟蔽天，鄱阳湖内一片火海，朱元璋的几艘草船此时已将陈友谅的水寨和寨中的几百艘战船烧了个火焰冲天。

朱元璋趁机挥师进攻，陈友谅的弟弟，号称"五王"的陈友仁，也因慌乱死在了乱军之中。他的另一个弟弟陈友贵及江西行省平章陈普略也被烧死。陈友谅不仅失去战船数百艘，而且损失士卒数万人。经此一役，陈友谅心中的气愤更是难平，越想越气。

二十三日，双方继续交战。这回朱元璋的水师已经占据了主动，他率领的水师冲入敌军，来去自如，他所乘坐的白色指挥船实在太醒目了，陈友谅派遣他的多路水师欲将其灭掉。朱元璋几次陷入了困境，最后还是侥幸逃脱了。晚上，朱元璋下令把所有船只的桅杆和船身都涂成白色。第二天，双方再交战时，陈友谅已经无法辨认出哪艘战舰是朱元璋的指挥舰了。陈友谅的船舰是红色的，而朱元璋的战船一律是白色的。双方交战在一起，红白相间，令人眼花缭乱，在湖面上密密麻麻混作一团。一会儿数只白船追击一只红船，一会儿又是多只红船围追堵截一只白船。

朱元璋部将俞通海、廖永忠、张兴祖、赵庸等人驾着六只白船深入敌后，使得敌军大乱。俞通海等人驾船冲进敌营，眼看着就要被敌军的战舰所吞没了，可是又奇迹般地杀出了敌阵。俞通海等人如此舍身忘命，令朱元璋和其他将士们勇气大增，信心大增，不禁齐声欢呼起来。

陈友谅军这时开始发动炮击，炮弹所落之处，无不击起层层巨浪，波涛竖起，响声更是震耳欲聋，令人心惊胆战。这时，一颗炮弹正朝着朱元璋所在的战船飞来，侍立在他身旁的刘基，大呼："主公快闪开！"朱元璋还没有反应过来，便听见一声巨响。陈友谅从远处望去，以为朱元璋必死无疑了，于是开怀大笑起来，说道："朱元璋啊，朱元璋，想不到你也有今天。"

正在陈友谅高兴之际，朱元璋又突然出现在了另一条战船上，继续指挥，陈友谅大惊，怎么他不是已经战死了吗？怎么还……原来，在刘基感到有些不对劲的同时，就已经把朱元璋推到了河里，以免遭到陈友谅炮火的袭击。幸亏朱元璋躲闪得及时，否则真的要被那颗火炮巨石给击伤了。此时，朱元璋命令全体战舰，加强火力，猛烈攻打陈友谅的战舰。陈友谅有些招架不住了，命令士兵们快快护驾，赶紧撤离。这第五天的战斗就这样结束了，朱元璋望着遗弃在湖面上的旌旗浮尸，不禁感慨万千。他对着身后的俞通海等人，欣慰地说道："今日大胜，全仰仗各位的拼死效力了。"

战争无疑是一场赌博，而此时的陈友谅就是一个输红了眼的赌徒。而赌徒唯一让人称道的地方，就是不肯服输。陈友谅也是如此。在经过几场艰苦的战斗之后，双方依然处于胶着状态，他的战况越是失败，他就越是要打，即使是弄个鱼死网破，也要跟朱元璋一拼到底，朱元璋此时只能是奉陪到底了。可是朱元璋并不想把自己的"宝"全都压在陈友谅这张牌上，他还要面对更多企图吞并他的敌人，元廷、张士诚、徐寿辉，还有一些较小地方武装，所以在这相持不下的时候，朱元璋已开始对自己必胜的信心产生动摇了。自己的部队在人数上毕竟比敌人少得多，他无力把陈友谅困在这浩大的鄱阳湖里，他对自己最终能否赢得这场大战的胜利突然感到没有把握了。

面对这种情况，谋士朱升献计说："主公不必为此而着急上火，虽然我们的实力比不上敌方，军粮带得也不多，但是您不要忘记，陈友谅他也是倾巢出动啊,以全部的力量出征,他所携带的粮草肯定也不是很多,只要我们在这里把他们拖住,等到他们弹尽粮绝之时,不愁反攻不成。"

朱元璋说:"嗯,朱先生言之有理,可是我们所带的粮草,毕竟也不是太多啊,我们拿什么去跟他们耗呢?"

朱升说:"主公,我听说湖水北岸附近有四个大户人家,家中粮食甚多,我们可以到他们那里去,征些粮食过来。这样,一可以解决我们的粮草供应问题,二又可以避免陈友谅得到。如此一来,即使我们不能一时速胜,也能求得稳扎稳打,不必操之过急了。"

"好,朱先生,好建议。"朱元璋觉得朱升所献的确实是一条很好的计策,不禁连连称赞。接着他便派邓愈去湖北岸的那四户人家征集粮草,果然得到许多粮草衣食。粮食的问题一得到有效解决,朱元璋就从被动转而变成了主动。

经过短暂的休整,朱元璋派人前去挑战,但陈友谅拒不应战。水军大将俞通海对朱元璋说,当地湖水较浅,一旦落潮,战船很容易搁浅,所以建议主公移舟北上,那里水深地广,才是进行决战的好地方。谋士刘基也趁机向朱元璋建议道:"我军应驻扎在湖口地区才较为妥当。"朱元璋担心白天撤退会遭到不必要的袭击,所以命令军队夜间撤离。晴空皓月,朱元璋的战船各自悬挂着一盏灯,前后尾随,一字排开,开始向湖外地区转移。天明时分,朱元璋的大军已经安全停泊在左蠡地区了。

陈友谅也不是呆子、傻子,他也同样不想让自己的军队触礁搁浅,遭到朱元璋的袭击。所以第二天晚上,他也效仿朱元璋的样子将自己的舟师撤出这危险的浅滩,在第三天的清晨,他的战舰已停泊在清风地区了。

两军隔水相望,谁都按兵不动。第四天,陈友谅实在沉不住气了,他召集部将商讨下一步与朱军作战的行动计划,身旁的水军统领右金吾将军这时说道:"依我看,现在的形势对我们很不利,此处也并非久留之地。上游水路出口已经被朱元璋的大军堵住,下游又潮落水浅,我看我们还是弃舟登陆吧,从这鄱阳湖的南岸率军撤退,以保留相对的实力。"而左金吾将军不同意他的看法,听了他这番言辞很是生气,与他争辩起来,说:"你这不是等于还没有开战,就向朱军投降了吗,就说形势对我们不利吧,可是我们的战舰毕竟也不少,完全可以再进行一战。如果大家齐心协力,共同对敌,谁输谁赢,我看还不好说呢!再说,你弃船登陆,万一要中了敌方的埋伏怎么办?朱元璋命令步骑抄袭我们的后路,我们前无屏障,后无阻挡,而且自己又断了自己的后路,岂不是等着敌军把我们一举歼灭吗!"

就在陈友谅犹豫不决之时,外面的水师却与朱元璋军交起战来。面对朱元璋的突然袭击,陈军在交战中又吃了败仗,这使得陈友谅心灰胆寒,这才决定采纳右金吾将军弃船登陆的意见。在这不情愿中,还流露着对左金吾将军的埋怨。左金吾将军看在眼里,计在心上,因为他深知陈友谅性情乖忤,生怕他兴师问罪,所以当晚就趁着夜色,率领部将投奔了朱元璋。本来就信心不足的右金吾将军,见这大势已去,更是无心抵抗,干脆也带领本部人马投靠了朱元璋。

此时的陈友谅才知什么是雪上加霜了,心灰意冷的他面对自己大将的纷纷离去,也无心再战了。就在这时,朱元璋派人送去了一封劝降信或者是生死挑战书。信中的话如同针芒刺进了陈友谅的心脏,使他发狂似地撕碎了朱元璋的信。一气之下,陈友谅传令把军中所有朱元璋军队的战俘全部推出去斩首示众。为了耀武扬威,陈友谅还扣住朱元璋的使臣不放,并且加强巡逻。

朱元璋经过一段时间的准备,打算对陈友谅来个一网打尽。这一天，他派常遇春、廖永忠等率舟师出湖口，横截湖面，断其归路。又派一支军队在岸上树立木栅，挫败了陈友谅准备登陆的计划。这样又围困半个月之久，陈友谅军中出现了缺粮断草现象，无望之时，他派500艘船去都昌抢粮，当抢粮船返回时，朱文正派部将陈方亮截获烧毁。

八月二十六日，陈友谅万般无奈，只得冒死突围。他率领100余艘舟舰向南边湖口驶去，想从那里进入长江，退回武昌，但却受到朱元璋水师的猛烈阻击。由于双方主帅亲自督战，所以两军的船舰纷纷一字排开，同时展开了生死大决战。激战一直从上午打到了下午，交战双方谁都不服谁，谁都想把对方牢牢地控制在自己的手心里。

陈友谅派兵西去，在泾江口不巧又遇到朱军伏兵的袭击。这回陈友谅是打算把这条老命豁出去了，他命令乱箭齐发，坐在船上胡床上指挥的朱元璋看到雨点般的箭袭来，命令大军躲闪，谋士朱升一把把他推进船舱。朱元璋再回头看时，发现胡床瞬间已被几根流矢共同射中。这边的陈友谅喜出望外，没想到自己的这一计策，给了朱军这么大的重创，他从自己乘坐的船舱里探出脑袋张望，看看是否射中了朱元璋。这边的大将郭英看准时机，拉弓搭箭，一下射出，陈友谅躲闪不及，一支利箭直贯他的眼睛，并从另端钻出，他痛苦地大吼一声，当场毙命。主帅陈友谅一死，手下将士们全无斗志，各自逃命，而太子陈善儿、平章姚天祥等被生擒，5万多人均缴械投降。太尉张定边趁着夜色，划着一条小船，载上陈友谅的尸首和其子陈理，突出了包围，逃回武昌去了。

经过这么多天的激战，朱元璋的部队终于取得了鄱阳湖大战的胜利。有人建议朱元璋乘胜追击，直捣陈友谅老巢——武昌，但朱元璋不同意，他说："俗话说'穷寇勿追'。如果我们一再追击，他们必然会狗急跳墙，与我恶斗，那样岂不是死伤会更多吗？"所以后来只派出一支人马追击张定边，自己则率诸将返回了大本营——应天。

鄱阳湖大战从陈友谅出兵武昌算起的话，前后总共经历了四个多月，可以说是朱元璋戎马生涯中进行的最为艰苦的一次战斗。通过这次战役，朱元璋消灭了陈友谅这个劲敌。

陈友谅的部下张定边等人逃回武昌后，立陈友谅之子陈理为帝，改元德寿。至正二十三年（1363年）九月十六日，朱元璋命令徐达留守应天，自己则亲率常遇春、康茂才、廖永忠、胡廷瑞等人，统军亲征陈理。马步舟师，水陆并进，大军直下武昌。十月七日，朱元璋的大军抵达武昌城下。朱元璋命令部将常遇春在四座城门之外安营扎寨，又在长江联舟结为水寨，以便切断武昌与外界的联系，采取围而不打的攻克方式。同时，他又马不停蹄地分兵攻打汉阳、德安等州郡。朱元璋对诸将说："这陈理犹如困在了羊圈里的小羊，欲出无门，时间一长，必然会自己乖乖地出来投降。如果他们弃城出来，准备与我们绝一死斗，我们也不要轻举妄动，我们只需坚守在这营栅中继续围困就行了，到时他城中无粮，不怕这武昌城不破。"

至正二十四年（1364年），走投无路的陈理最终还是出城投降了。至此，湖南、湖北、江西等地区完全成了朱元璋的天下。不久广东韶关以北地区也归附了朱元璋政权。

打败陈友谅回到应天后，朱元璋觉得如释重负，文武群臣纷纷上表劝他称帝。但朱元璋清醒地认识到：东边的张士诚还没有消灭掉，此时正在虎视眈眈地注视着他的一举一动；北方的大元王朝仍未被推翻，势力依然很强，同样不可小视，放眼天下依然是群雄逐鹿的局面。此时称帝，只会给自己招来更多的不必要的麻烦。

朱元璋对上表的大臣说："放眼天下，我朱某人，戎马未息，疮痍未苏，天命难必，人心未定，还有许多大事要干，我怎么能在此称帝呢？"

群臣们依然固请不已。朱元璋想了想，最后说道："不宜称'帝'，那我就暂且称'王'吧。应天曾是历史上孙权吴国的国都，我想干脆大家称我为吴王好了。"

至正二十四年（1364年）正月，朱元璋在应天由吴国公改称为吴王。而张士诚在至正二十三年（1363年）九月自封吴王。这时，同时有了两个吴王并存，于是民间便称张士诚为东吴王，称朱元璋为西吴王。

朱元璋称王后，为了表示自己还是小明王的一个臣属，立即着手按朝廷规格建立百司官属。中枢机构是中书省，以李善长为右丞相，徐达为左丞相，常遇春、俞通海为平章政事，汪广洋为右司郎中，张昶为左司都事。立长子朱标为世子。他又设立了浙江、江西、湖广、江淮等行中书省，任命了一些文职官吏。

然后，朱元璋又对军队进行了整顿。由于自滁州进发江南以来，渡江之后，各式队伍前来投靠，编制很是混乱，朱元璋便下令改翼为卫，废除各翼统军的帅府，另设武德、龙骧等17个卫亲军指挥使司。兵士们的服装也规定一律身穿红色的战袄、战裙，头戴阔檐红皮壮帽，插"猛烈"二字小旗，接着制造了大批武器。

经过激烈的生死较量，朱元璋打败了陈友谅的武装力量，消灭了争夺天下的一个劲敌。随着疆土的扩大和机构的健全，朱元璋的实力更加巩固，一个封建政权的雏形已经初步形成。

第四节　平定江南

在刘基为朱元璋分析的时务十八策之中，朱元璋的劲敌除了陈友谅，还有一个就是张士诚。

张士诚，原名九四，淮南泰州白驹场人。泰州濒临东海，居民多靠晒盐为生。张士诚和兄弟士义、士德、士信都是盐贩子，驾船贩卖私盐。张士诚力大过人，仗义疏财，喜结宾客，很有人缘。盐贩们便推他为头目。当时盐为官营，贩卖私盐是违法的事，盐贩们经常遭到官军的追捕。为了自保避祸，盐贩们便组织起来，成帮结队地贩运私盐。张士诚除了被官府捕抓外，还受当地富豪的压迫。那些富豪抓住他们贩卖私盐的把柄，恶意欺诈，买盐经常不付钱，还三天两头拦截他们的盐船。张士诚咽不下这口气，趁着各地红巾军起义，便纠集了潘原明、吕珍等18人，杀了当地的那帮富豪，放火焚烧了他们的房子，造起反来。当地盐丁苦于官役过重，都聚集在张士诚的麾下。张士诚开始率众进攻周围的盐场。在丁溪，遭到了当地地主武装"义兵"的阻击，张士义阵亡。张士诚奋起击溃"义兵"，乘胜攻占了泰州。虽然他们并不属于红巾军体系，但却是一股势力不容小觑的反元武装。

泰州一带是元廷盐税的重要来源，张士诚在泰州造反，影响了元廷的盐税收入。元廷急令淮南江北行省出兵镇压，遭到失败，之后，又改变手法，派人前去劝降。张士诚一度答应，接受了元廷授予他的万户头衔，但不久就反悔，又扯起了反元的旗号，攻占了高邮。

至正十三年（1353年）正月，张士诚在高邮称王，国号大周，改元天佑。这年六月，又占领了江北重镇扬州，切断了大运河的漕运。元廷在江南征收的税粮主要通过大运河和海道往大都等地调发。运河漕运一断，大都随时面临着粮荒的威胁。元帝见状，只好派脱脱领重兵出征高邮，想一举扫平张士诚。

至正十四年（1354年）十一月，元朝丞相脱脱率百万大军，连同西番、西域的军队，旌旗遍野，浩浩荡荡，进攻高邮的张士诚，把高邮围得水泄不通。虽说红巾军的起义曾给元朝的统治以沉重的打击，但正所谓"百足之虫死而不僵"，元朝的实力尚强，必然在做出相应调整后，发动猖狂反扑。脱脱把高邮围住，日夜不停地攻打，同时分兵围攻六合。当时在六合的红巾军领袖赵均用、孙德崖向朱元璋求助，在朱元璋的帮助下才解了六合之围。

京城里的元朝奸臣哈麻一伙，因为与丞相脱脱不和，乘机唆使监察御史弹劾脱脱。昏庸的元顺帝下令削夺了脱脱的兵权，派河南行省左丞相太不花、中书平章政事月阔察儿、知枢密院事雪雪代将其兵。诏书到后，前线元军大乱，诸军溃散。不久，元顺帝又下令让脱脱西行，将脱脱鸩死在吐蕃境内。元军对张士诚的围攻也得以缓解。

张士诚在解除了元军的包围之后，进一步扩大了自己的势力。张士诚控制的地区比起朱元璋来要大上许多，北迄徐州、通州、泰州、高邮、宿州、濠州、泗州、济宁，南到绍兴等地，南北全长2000余里，西与朱元璋的控制范围接壤，东到东海沿岸。在这块狭长而又广阔的地域内，包括了太湖流域的平江、杭州、湖州、嘉兴等著名的鱼米之乡，物产丰富，人口众多，自南宋时期起，这一区域就逐渐成为了我国经济发展的中心。想要在这里成就一番霸业，最起码在经济供给上是不成任何问题的。

也许正是由于优越的生活环境消磨了人的志向，淡漠了人的进取精神，才使得张士诚只图自守这块风水宝地而不思进取了。

张士诚为人性格内向，憨厚老实，对下属约束并不严，凡事只讲一团和气。也许这正是他治理军政的失败所在。由于自己所领导的集团在政治上的明显变质，他们利用农民军取胜一方以后，各方面已失进取之心。张士诚对自己所取得的胜利，很容易知足，自从攻下平江之后，他就开始频繁派人大兴土木，筑起了富丽堂皇的景云楼、齐云楼、香桐馆、芳惠馆等，在这些楼宇别馆中养了很多美女，骄奢淫逸，日夜行乐。他觉得跟随自己多年的部下，也都是当年一帮走江湖的穷哥们，如今也算打下了一片自己的天地，应该让他们享受一番了，因此便很是放纵他们。结果，他的部下也迅速腐化。作战时，有些将领躺在家里不赴命，竟以官爵和良田美宅相要挟，答应条件后才起身带兵出征。到了军营，还带着妓女、清客解闷，整日歌舞酒宴。打了败仗，张士诚也不问罪，照样让他们做官。正因为如此，张士诚军队的战斗力才越来越弱。

其实，早在朱元璋的矛头对准张士诚之前，张士诚原本有几次打击朱元璋的机会。

陈友谅当初进攻应天之时，相约张士诚东西夹击，这正是他打击朱元璋的一个大好时机。可是他怕冒险，害怕朱元璋的部队没消灭，反而还将自己的队伍赔了进去。因此，他没有积极响应，从而坐失良机。

在陈友谅围攻洪都的时候，发生了一件朱元璋的诸全守将谢再兴叛变投敌的事，这无疑又给张士诚创造了一次大灭朱元璋的机会。

谢再兴是朱元璋侄儿朱文正的老岳父，跟随朱元璋征战多年，也曾为朱元璋立了不少汗马功劳。至正二十二年（1362年）时，张士信趁蒋英等人在婺州叛乱，率兵进攻诸全，全凭谢再兴力挽狂澜，抵制住了张士信的进攻，可以说他在这场战役中发挥了决定性的作用。可是，有一次朱元璋却听说了谢再兴私下让两个心腹将领到杭州贩卖私货以便牟取暴利，怕那两个人会泄露军事秘密，则下令把那两个将领秘密斩首了，并把砍下来的人头挂在谢再兴的大门口，并将谢再兴叫到应天，训斥了一番。然后，朱元璋又对谢再兴进行了安抚，并自作主张把谢再兴的小女儿嫁给了大将徐达，最后派谢再兴回守诸全，命参军李梦庚节制诸全的兵马，把谢再兴降为副将。面对朱元璋的好意，谢再兴并不领情，在回到诸全后，谢再兴满腹牢骚地说："娶我的女儿事先不告诉我，这同给配有什么区别。"对于降职受人节制，谢再兴更是忍受不了。一怒之下，谢再兴捉了督军李梦庚，带兵跑到绍兴向吕珍投降了。

张士诚利用谢再兴事件，向朱元璋方面发起了进攻。至正二十二年（1362年）九月，张士诚派大将李伯升向诸全发动进攻。可这时朱元璋军队的守将李文忠和胡深已在离诸全50里的五指山下筑起了一座新城。李伯升等人见新城防守稳固，无法逾越，于是只好引兵退去。次年二月，张士诚又派李伯升、谢再兴挥师20万进攻诸全新城，同时还派了一支军队出桐庐佯攻严州，企图牵制住李文忠的部队，使他不能兵分两路支援诸全。

李文忠临危不乱，派遣何世明居守严州，自己则亲率援军赶赴诸全新城。尽管这样，诸全新城的兵力仍然难挡张士诚的大军。李文忠为鼓舞军中士气，对大家慷慨激昂地说："自古以来，行军作战，兵不在多而贵在其精，遥想当年西晋谢玄之所以能够以八千兵马大破苻坚百万之师，靠的就是精兵强将。现在贼兵强我于十倍，我们大家现在唯有拼死一战，才能有胜出的可能，否则不是被杀就是被降。"言罢，拔出宝剑击柱，军心为之一振。第二天早晨，李文忠带领全体将士奋力拼杀，终于抵制住了敌军的进攻，李伯升、谢再兴无奈之下，只得悻悻而归。

张士诚错过了两次大好的机会，一次是他没有去把握，一次是他未能把握住打击的重点，去攻打诸全新城，却没有触及朱元璋的根本。这种不痛不痒的进攻对于朱元璋来说起不到任何作用，只能加速朱元璋对他的反攻。待朱元璋从西线腾出手来，这东部战场的主动权就掌握在了他的手中，而张士诚就只有束手就擒、被动挨打的份儿了。

朱元璋消灭了西部劲敌陈友谅之后，便开始把视线移向东部的张士诚身上。

由于朱元璋的根据地在南方地区，朱元璋还没有受到北方元朝军队的威胁，但张士诚部队的存在却是不可小视的威胁。朱元璋在与众将商议之后，决定先从清除周围的小股武装力量开始，逐步扩大自己的势力范围。

从至正十六年（1356年）开始，朱元璋就决定先攻打镇江等地，无疑朱元璋的这个战略部署是非常正确的。从地理位置上分析，镇江位于长江下游地区，是扼守应天的门户，如果这个军事重镇被张士诚夺去，应天的形势就会受到极大的牵制和束缚，张士诚就可以随时发动攻击，顺江而上，那朱元璋就只能坐以待毙，束手就擒了。就算张士诚没有攻击应天的野心，朱元璋总是处在这种位置也是极不舒服、惶惶不可终日的。那么面对这种被动形势，朱元璋选择了主动出击，他先把兵力拧成一股绳，劲儿往一处使，团结起来对付周围的一切敌对势力，尤其是张士诚的部队。他先后派兵占领了金坛、丹阳、广德，从而一举铲除了来自东南方面，以及张士诚方面的威胁。

至正十六年（1356年），朱元璋攻打镇江。张士诚派人策反了徐达手下的大将陈保二，并让陈保二带领一队人马解了镇江之围。

朱元璋手下大将徐达命令全体将士同心同力，使得张士诚的计划未能得逞。

张士诚拨马回枪，转而进攻宜兴。朱元璋首先修书一封，告诫徐达，多加小心，谨防张士诚的调虎离山之计，并命令他先攻进常州。徐达等人受命后与大将汤和带领着3万人马杀向常州。

此时，张士诚也想到了常州是一块战略要地，对于今后进攻的展开有着极其重要的作用，因此，张士诚亲率大军增援常州的守军。徐达老谋深算，命令一队人马设伏在张士诚的必经之路上，待见张士诚的大军来到时，出其不意，发动攻击。张士诚没想到朱元璋的大军会从自己身后出现，措手不及，部队一下子便乱了阵脚。张士诚见势不妙，仓皇逃跑，其手下两员大将均被徐达俘获。张士诚逃回了老巢之后，深感朱元璋此人不可小视，眼下兵败镇江，人手不够，于是派人去应天想与朱元璋议和，愿意向朱元璋服输纳贡。

朱元璋认为张士诚"起于负贩，谲诈多端"，不值得相信。张士诚提出议和，不过是由于一时调集不齐人马，使出的缓兵之计。所以，朱元璋认为不能给张士诚这个机会，决定全力攻击，彻底消灭张士诚。

至正十七年（1357年），朱元璋的大军一举攻下了张士诚的长兴、常州、江阴等地。而长兴和江阴这两个地方对于张士诚来讲，是其要害所在。控制了长兴，张士诚的陆军就会被挡在广德以内；夺取了江阴，张士诚的水师就不能沿江而上，不能对朱元璋构成威胁。如此一来，朱元璋已经把张士诚的陆军和水师牢牢地堵在了东部下游，并且死死地挡住了西进的门户。张士诚的形势已非常被动了。

至正十七年（1357年）七月，大将徐达奉命进攻宜兴，然后又得常熟。常熟的地理位置也很重要，联系着江北的淮东和江南的浙西。常熟由张士诚的弟弟张士德亲自把守。朱元璋对这一战役非常重视，密切关注着战役的进展。徐达不负众望，不久便把胜利的捷报传到了应天府。这回不仅仗打赢了，而且徐达的部将赵德胜设计抓获了张士德。朱元璋命人对张士德好生招待，不得怠慢，想用仁义感动张士德，以此来招降张士诚。但是张士诚并不领情。

面对打击，张士诚起兵向西发展，结果又出师不利，无奈之下，只得向元朝政府求和。张士诚投降元朝政府之后，与红巾军开战又遭败仗。最后，张士诚在平江自立为吴王，并派兵袭扰常州、江阴，但是均未能奏效。

至正二十三年（1363年），张士诚自立为吴王后，觉得当时的杭州元江浙行省左丞相达识帖木儿妨碍他做事，就派弟弟张士信去质问达识帖木儿，叫他少管闲事。然后又逼迫达识帖木儿以年老疾多为由自动退位，让弟弟张士信做了丞相。最后，张士诚索性把达识帖木儿送到嘉兴软禁了起来。

随着势力一步一步地扩大，张士诚命令在绍兴的元朝行台普化帖木儿向朝廷上奏，请求封为王爷。普化帖木儿为人刚毅，决不从命。张士诚派人到府上抢夺他的行台大印，普化帖木儿将台印锁在库府里，并对来人说："你们要想得到台印，除非从我身上踩过去。"来人见他态度强硬，便押解着他登舟去平江，见张士诚复命，普化帖木儿不肯，说道："士可杀，不可辱，要我去见那张士诚没门。"说完，便沐浴更衣与家人们告别，吟诗一首，服药自杀身亡。达识帖木儿闻之，大发感慨，也饮药服毒，含恨而死。从此，依靠与元廷议和壮大起来的张士诚，停止了向元大都运粮，与元廷彻底断绝了关系。

卧榻之侧岂容他人安睡，至正二十五年（1365年），朱元璋准备彻底消灭张士诚。

十月，朱元璋以张士诚"屡犯其境"为由，挥师进攻东吴。他在出征之前发布讨张檄文，告谕天下人：这次的主要目标就是消灭张士诚的军队，不伤百姓。他针对张士诚淮东防守相对薄弱，而且与浙西中间隔着长江、南北兵力不便支援的特点，制定了"先取通、秦诸郡县，翦士诚肘翼，然后专攻浙西"的战略方针，有计划、有步骤地进行攻讨。

朱元璋先攻取淮东，翦其羽翼。

十月十七日，朱元璋派徐达、常遇春、冯国胜、华高等人率领马步舟师，水陆并进，直扑泰州，驻军安扎在海安坝上。张士诚守将严再兴坚守不出。徐达奉命疏通河道，以便舟师前进，最后包围了泰州，并且再次设伏击败张士诚的援兵。张士诚这回想来个声东击西之计，先是出动400艘战舰驶进江阴东面的范蔡港，并向江阴方向游弋，做出一种直趋上流，攻取江阴的假样。果然，江阴守将康茂才见势不妙，赶紧向朱元璋方面告急。但朱元璋经过冷静分析后，识破了张士诚的意图。他认为，张士诚此乃调虎离山之计，醉翁之意不在酒，他这样做无非是诱使徐达回守江阴，分散他的兵力，然后再解泰州之围。

于是，朱元璋派人传谕徐达不要上张士诚的当，命他只让廖永忠率一小部分军队去增防江阴，而大军仍留在原地，围攻泰州。后来，朱元璋又接到报告，说大将常遇春遇到敌兵的挑衅，出海安70里追击不过万余人的敌军。朱元璋心想这肯定又是张士诚的调虎离山之计，所以他立刻传命常遇春不得受敌引诱，立即调回兵马，继续攻打泰州。不管怎么说，张士诚的计谋都没有得逞。最后，徐达、常遇春等人还是攻下了泰州。

徐达乘胜追击，进逼兴化，击败守将李清后，继而攻打高邮。朱元璋担心徐达深入敌后，不便于策应诸将的联合进攻，影响全局的指挥调遣，所以命他火速还师泰州，坐镇调度，转而派冯国胜继续攻打高邮。

高邮守将俞同佥派人到冯国胜军营中诈降，相约以推倒城中女儿墙为信号，让冯国胜等人进城。冯国胜信以为真，当晚即派康泰率1000人马入城受降，结果中了敌人的圈套，1000人全部被杀。朱元璋知道这件事后，非常恼火，把冯国胜叫到应天，打了他几十大板，并罚他步行回高邮。冯国胜回到了战场后，督令将士拼命攻城。后来，徐达也带着一行人马前来支援。两军会合，势不可当，高邮城被攻破了，冯国胜命人把俞同佥带来，亲手斩杀，以解心头之恨。

随后，徐达挥师继而攻打濠州。濠州是朱元璋的老家，朱元璋自从参军征战之后，就再也没有回过那里。孙德崖死后，张士诚的部将李济占据了那里。

李济是定远人，与李善长是同乡。朱元璋想劝降李济，特意让李善长给李济写了一封长信。李善长在信中说明两人本是同乡，然后又说此次进攻濠州乃奉主上之命，最后给他分析天下局势，陈述利害关系，并提出"盖豪杰之士，乘乱起兵，相为雄长，及遇真主则委身归之"，劝他归降朱元璋的门下。可李济接到信后，并不作答。受降之日一过，徐达便命部将韩政开始进攻。首先围住四面城门，炮石齐发，并架设云梯攻入城内。李济等人实在抵挡不住这四面之围，最后只好放下武器投降。

当朱元璋听到濠州已经攻克的消息后，大喜过望。他立即放下暂不繁重的公务，从应天动身北上，回到了他日夜思念的家乡。

朱元璋已经十多年没有回家乡了，现在身为吴王，带着自己的执事、仪仗，以及大批随从，大队人马开始浩浩荡荡前往濠州钟离。一路上，威风凛凛，让人好不羡慕。

回到家乡之后，朱元璋首先来到了父母坟前，身着麻布孝服，素冠白缨，在父母坟墓培土筑陵，举行了一场隆重的凭吊仪式。

朱元璋又想起了曾给予他帮助的刘继祖和汪大娘。刘继祖早已不在人世，汪大娘还健在。朱元璋亲自拜见了汪大娘。汪大娘怎么也想不到当年穷苦伶仃的朱重八竟有这么大的出息。朱元璋见到汪大娘就如同见到了亲人一般，下跪叩拜。朱元璋对汪大娘当年的恩德感激不尽，赐给黄金、绸帛，置酒宴请了左郊右舍的父老乡亲们，共叙旧情。最后，还叫来县官，让他免征当地的租赋。

至正二十六年（1366年）四月底，朱元璋已经相继攻占了兴化、宿州、安丰等地，淮东也已平定。同年七月中旬，朱元璋招来全体将士，召开军事会议，会议的主题是何时对张士诚的部队发起下一轮的攻击及如何攻击。会议上李善长认为张士诚目前屡遭挫败，但他手中仍握有重兵，仍不可小视，再加上他地广民富，盲目进攻恐怕取胜的把握并不大，要从长计议，寻隙而动。这也是众多将士的观点。可是大将徐达并不同意，他说："我认为现在应该立即出兵剿灭张士诚，张士诚骄横暴敛，奢侈无度，正是讨伐他的大好时机。"

朱元璋对众将领说："你们的话自然有一定的道理，但都没有说到点子上，知我者，徐达也。不错，现在正是大灭张士诚的大好时机，我们已经攻下了他的不少城池，绝不能让他有喘息的机会，否则的话，他东山再起，局面就很难控制了。只有徐达的看法符合我的意思，咱们来分析一下怎么对付这张士诚吧。"

大将常遇春主张直捣平江，说："捉鸟应奔其巢，捕鼠应堵其穴。我们应该直插张士诚的大本营，只要他的老巢平江一破，其他的地方则会不攻而下了。"

朱元璋对常遇春的分析点头称道："言之有理，不过，这样做未免有点急于求成，正如善长所说，咱们目前还没有足够的实力去攻打他的巢穴。张士诚是盐贩出身，与湖州守将张天骐、杭州守将潘原明等人甚是要好，而张天骐、潘原明这二人都是蛮横之徒，互为手足。张士诚有难，张、潘两人绝不会视若无睹，必然会全力来救。援兵一到，我们更是难以取胜。我建议，咱们不如先攻打湖州、杭州，使他们疲于奔命，翦其羽翼，然后再移兵北上，攻其平江。这样就有十足的把握取胜了。"众将连连点头称是。最后，朱元璋下令诸将检阅士卒，择日即启程，准备先攻取湖州、杭州、嘉兴，断其两臂。

为了配合这次军事行动，至正二十六年（1366年）五月，朱元璋发布了一篇著名的讨张檄文——《平周榜》，展开强大的舆论攻势：

"王者之师伐罪救民，自古昭然。轩辕氏诛杀蚩尤，商汤征讨葛伯，周文王攻伐崇武，这三位圣人起兵都是为了拯救天下的民众。时至今日，元主深居宫中，佞臣操纵朝政，贿赂朝廷便可当官，有人说情便可免罪，监察部门举荐亲近之人而弹劾仇敌，其他衙门也是虐待贫寒人家而优渥富人。朝廷不以这种状况为忧，还添设冗官，变更钞法，奴役几十万人治河，死者哀鸿遍野，怨声载道不绝于耳。结果，使愚昧之民误中妖术，相信荒诞的宣传，对弥勒的出世信以为真，寄希望于他能根治乱世，解脱百姓的苦难。于是，聚为烧香之党，在汝、颍一带活动，后来蔓延到黄河、洛水。在妖言的蛊惑下，谋乱造反，焚烧城池，杀戮士人。元廷动用了一切力量进行讨伐，仍无济于事，谋乱反而更加猖獗泛滥。由此可见朝廷已无法救世于民，所以有志之士乘势而起，有的打着元廷的旗号，有的以香军为名，也有的自成体系。总之，都想有所作为，天下由此开始大乱。

我本是濠州的平民，投身军旅后，统兵作战，感到妖言不能成就大事，又估计胡虏的气运即将断绝，因此引兵渡过长江。依赖天地祖宗的神灵及将士们努力，一鼓作气拿下应天，再战平定了浙东。陈友谅称帝，盘踞在我的上游，我兴问罪讨伐之师与他交兵，将其击毙，他的家人衔璧肉袒向我投降。我不但没有处死他们，还给他们封爵列侯，并留用了他们的将相，使百姓各安其业。荆襄湖广之地，尽入我的版图。虽说德化未能普及，但也政绩斐然。

如今姑苏的张士诚，为百姓时贩卖私盐，在江湖上打劫，起兵后又聚集凶残之徒，固守于海岛，这是他的第一条罪状；担心自己居海隅一角，难以与天下抗争，于是向元廷诈降，这是他的第二条罪状；窃据浙西，兵不满数万，地不足千里，却在这里称帝，此乃他的第三条罪状；开始侵犯我的边界时，我军活捉了他的兄弟张士德，再次进犯我江浙行省，我军锋芒所指，直逼他的辖境，使他不敢再向前，从而他又一次向元廷诈降，这是他的第四条罪状；表面上接受元朝的官员，实际上却假借朝廷的号令，挟制江浙行省左丞相达识帖木儿，谋害左丞杨完者，这是他的第五条罪状；占据浙江的钱财粮物，十年不纳贡，这是他的第六条罪状；看到元朝纲纪已乱，便公然杀害行省左丞相达识帖木儿和行台大夫普化帖木儿，这是他的第七条罪状；依仗地形险要，粮食充足，诱降我的将领，掠夺我的边民，这是他的第八条罪状。凭此八条罪状，完全可以对他兴兵问罪，平定天下，安抚百姓。

我已传命中书左丞相徐达统率步马舟师，分道并进，攻取浙西等处城池。并已告诫各位将军，大军所及，只惩办首恶，不问胁从。凡是从我这里跑过去的臣民及被捕的将士，如有悔悟，前来回归，我则一律免罪。张士诚手下的巨谋，如有识时务为俊杰者，应举城投降，或放下武器，我则会毫不吝啬地给他们封官晋爵。百姓们只要是安守本分的，就是我的良民。旧有的田产房屋，仍一律归原主所有。有胆敢聚众抗拒王师的，我则立即遣兵剿灭。我说的话像天

第四章　南征北伐

· 147 ·

空日月一样明确，为的就是让你们臣民不要迟疑不决。"

至正二十六年（1366年）八月初四，朱元璋命徐达、常遇春二人统军20万，水陆齐发，向太湖方向挺进。八月二十五日，抵达湖州城外的三里桥。

湖州守将张天骐主动出击，分兵三路出城迎战。徐达也早已摆开了阵仗，就等着张天骐放马过来。常遇春待张天骐等人冲上来后，与将士们一同拍马直冲敌阵，军士们摇旗呐喊，击鼓助威。面对身经百战的常遇春，张天骐不是对手。张天骐见势不妙，拨马而归，退回了太湖城中，闭门不出了。徐达和常遇春趁势包围了整个湖州。张士诚知道湖州被围后，立派司徒李伯升前来解援。李伯升从城东的获港地区潜入了湖州。张士诚还是不放心，他又另遣吕珍、朱暹和他的太子带领6万人马继续赶来支援。他们屯驻在湖州城东的旧馆，筑起了5个军营大寨，以便与城内的张天骐、李伯升等人互相呼应。徐达、常遇春还有刚从常州赶来的汤和等人攻占了旧馆以东的姑嫂桥，并在那里修筑了十座营垒，切断了张士诚的退路。张士诚深感大事不妙，他立即派女婿潘元绍从嘉兴出发，进攻旧馆东南的马镇，好与旧馆守军互为犄角，双管齐下，对付朱元璋的大军。但是徐达等人趁着潘元绍刚到还未立足，夜间便偷袭了他的阵营，潘元绍大败，撤回嘉兴。徐达此时又马不停蹄地填平附近的港沟，断绝了湖州的粮道，使得湖州和旧馆两处的敌军均被孤立起来。

在徐达大军对湖州进行攻坚战的同时，朱元璋还派李文忠攻打杭州，华云龙进攻嘉兴等地。此时平江的张士诚已经成了热锅上的蚂蚁，急得不知如何是好了。李文忠先攻克了新城和富阳等地，接着进兵杭州门户余杭，结果余杭守将出城缴械投降。余杭既下，杭州已无任何屏障，守将潘原明自然也是主动请降。李文忠等人整队入城，潘原明一席人马主动交枪，列队欢迎，还把杀害胡大海的苗军将领蒋英、刘震捆绑起来交给了李文忠。苏杭一破，张士诚的外围阵角已经是分崩离析，各自不保了，嘉兴和绍兴等地也是纷纷不战而降。

至正二十六年（1366年）十一月二十五日，徐达率军直逼平江。平江是张士诚经营多年的城池，是他最初的根据地之一，粮草充足，城防坚固。徐达采用围而不打的"锁城法"将其围困，慢慢地消耗他，并在城外筑起了长围，将城圈圈围住，层层锁住，使得平江与外地断绝了联系。徐达还下令架起木塔，城中的一举一动全都尽收眼底。这还不够，他还命人在塔上架起弓弩、火炮，昼夜不断地向城中轰击。这边徐达督军攻城，那边张士诚率众死守。这一打就是半年之久，平江虽未攻克，但城中守将早已精疲力尽，无心再战了。

随着城中局势的恶化，张士诚曾多次企图逃跑，而最后一次的出城决战，却被自家人给搅了。那天，他亲自率领亲兵出胥门迎战常遇春。张士诚的士兵们准备做最后的拼死一搏，个个作战英勇无敌，常遇春倒有些抵挡不住了，刚想撤退，只见城上督战的张士信却莫名其妙地大喊："大哥，将士们累了，停止前进，赶快收兵吧！"说着便鸣锣收兵了。张士诚还没回过味来，打得好好的，怎么就收兵了呢，可是这时常遇春已经开始反攻了，情急之下，只得退进城内。常遇春带人一直追到城下，并在城门口筑起了堡垒，进行攻城。此时的张士信在城楼上支起帐篷，刚想歇息一下，就被突然飞来的一颗炮弹击中，张士信等人被炸得粉身碎骨。这回守城军士兵们的情绪更加低落了。

至正二十七年（1367年）九月初八，朱元璋命徐达火速进攻平江，一举歼灭张士诚。命令刚传到，徐达立即动手对平江发起了总攻。此时，飞炮猛烈轰击，士兵们架云梯的架云梯，放箭的放箭，火攻的火攻，城内顿时一片混乱。不久便攻破了城门，城中将士纷纷受降。张士诚见自己苦心经营的大业已经毁于一旦，万念俱灰的他逼妻自杀后，自己也准备悬梁自尽。朱元璋的大军及时赶到，俘虏了张士诚，最后又将其带到了朱元璋那里，等待处置。

朱元璋攻灭了张士诚之后，在总结自己战胜大汉、东吴两个劲敌的经验时，说："元末群雄逐鹿，张士诚、陈友谅是两支力量最强的势力。张士诚地方富庶，陈友谅兵力雄厚。这两点上，我都不如他们。而我依靠的却是不杀百姓，以理服众，况且诸君同心协力，做事认真才有今天的成功。记得当初，我处在他们的围困之下，有人建议我先进攻东吴。幸亏在谋士的提醒下，才使我没有失去方向，友谅志骄，士诚器小；志骄的好惹是非，器小的胸无大志，安于守成，我果敢地决定先攻打陈友谅。鄱阳湖决战时，张士诚不出所料，果然龟缩在平江不来支援，使得陈友谅对我东西夹击的计策没有得逞。假如我要是先攻打张士诚，陈友谅必会倾巢而出，到那时我腹背受敌，两线作战，今天坐在这里喝庆功酒的可就不是我了。"

随着张士诚集团的破灭，朱元璋在长江以南已经没有了强大的劲敌，可是还留下一些残存的元朝势力和割据政权，如在张士诚的南面有方国珍，方国珍的南面还有个福建的陈友定，再往南是盘踞两广的何真，西南的四川是明玉珍的夏政权，而云南等地区则牢牢地控制在元朝宗室梁王把匝剌瓦尔密手中。须知星星之火，可以燎原，不消灭这些武装派别，怎能安心挺进中原呢？

所以，朱元璋在打败张士诚之后，就分兵各路，征讨南闽等地。朱元璋首先任命中书平章汤和为征南将军、都督府佥事吴祯为副将军，进军征讨方国珍。

此前，方国珍一直在元廷和朱元璋之间摇摆，时合时离，更多的是倾向于元廷，曾一度接受元廷赐予他的江浙行省左丞相等职。朱元璋的参军胡深向温州用兵时，他还向朱元璋求过和，曾答应朱元璋攻下杭州后，便献上温、台、庆三郡，愿意归降。谁知待朱元璋攻下杭州后，方国珍又变卦了，暗通扩廓帖木儿，又与陈友定联合开始与朱元璋对抗起来。朱元璋派人责令他每年贡纳23万石粮，并发出警告，叫他好自为之。

但方国珍心存侥幸，认为有舟船之利，背靠大海，而朱元璋以步骑为多，能奈我何。于是，他便不再理睬朱元璋的警告，一面积极备战，一面日夜调集船只，货运珍宝，以为这样，就可以在战事不利的情况下，出海潜逃。

朱元璋哪吃这阳奉阴违这一套，他紧急下令，命参政朱亮祖从浙江婺州等地发兵向方国珍进攻。天降神兵，立即攻占台州，方国珍的弟弟见势不妙，回头便跑，在奔往黄岩的路上，朱元璋大军赶到，情紧之中跳海身亡。朱亮祖再下一城，随即攻克黄岩、温州等地。

汤和、吴祯的大军也不甘示弱，沿着平江一线直接南下，配合参政朱亮祖，夹击这方国珍。至此，方国珍一方已经全无斗志。同年十一月，大将汤和攻下庆元，方国珍果真乘船逃入海中。汤和大军也是乘风破浪，迎海出击，连下定海、慈溪等地。不久，朱元璋又派遣廖永忠为征南副将军，会同汤和等人继续追击方国珍。方国珍最后走投无路，只得派其子方关带降表到应天乞降。

朱元璋本不想饶恕这方国珍，恨他如此反复无常，大搞两面派，但看了他的降表，言辞恳切，且会讨好人，于是大发慈悲，当即给方国珍回信，说："我相信你这降表中所说，念你年岁已高，不想与你计较往日的恩仇。你也不必多疑，速速率众来降就是了。"方国珍将信将疑地来到应天，没想到朱元璋还真的没有治他的罪，反而为他摆酒设席，并任他为广西行省左丞相，在应天又为他修建了宽大豪华的住宅。方国珍只享受朱元璋所给的食禄，而没有去广西做丞相。几年之后，抱病而死。

朱元璋借着元军将领的内斗，一举消灭了与他为敌的张士诚，又逼降了方国珍，江南统一在即，得此大好时机，朱元璋决定乘胜前进。

收服了方国珍部之后，朱元璋进一步向南扩张，扫荡陈友定的势力。

至正二十七年（1367年）十月，朱元璋任命中书平章胡廷瑞为征南将军、江西行省左丞何文辉为副将军，从江西向福建等地进军，开始攻打陈友定。

几年前，自从朱元璋的疆界与陈友定的地盘接壤后，双方部将就曾发生过摩擦。朱元璋部将胡深进攻松溪地区，并且俘获陈友定守将张子玉，计克浦城等地。后来，在进攻建宁时，遇到守将阮德柔的顽强抵抗。在激战中，胡深不慎落马，被守城士兵所俘，后被陈友定所杀。

朱元璋当时正在集中兵力消灭张士诚，所以一直没理陈友定这边。现在朱元璋正式起兵，准备老账新账跟他一块算了。为了配合胡廷瑞的战斗，年底，朱元璋又派遣部将汤和、廖永忠自庆元经海道攻福州，令李文忠由蒲城攻取建宁。三路大军分别向陈友定的老巢延平地区逼近。

兵贵神速，汤和大军行动快捷，一路跃马扬鞭，占领了福州。刚到达福州的汤和马上下令，派使臣到延平劝降陈友定。可是这陈友定接到使臣的求见后，先是请来守城的诸将，摆下了丰盛的酒席，然后竟当着众人的面杀了汤和所派的使臣，最后还把使臣的血倒入酒瓮，与诸将共饮。事后说道："养兵千日，用兵一时，我受到大元朝廷的多年厚恩，本无以回报，今天唯有拼死作战，才能不负我主的隆恩。谁要是在作战时临阵退缩，可别怪我不客气。"

到了至正二十八年（1368年）正月，汤和率领大军抵达延平城下，然后与廖永忠分兵两路，合围延平城。陈友定也不甘示弱，主动出城迎战，可是战局并不理想，七战七败。后来，陈友定只好闭门不出，坚守城池了。部将萧院判及刘守仁认为这样一味死守，只能是坐以待毙，纷纷提出冲出重围，可是陈友定却怀疑他们俩与敌暗通，存有异心。陈友定一气之下，执杀了萧院判，夺了刘守仁的兵权。刘守仁担心陈友定会进一步迫害自己，于是趁着夜色溜出了城外，向汤和投降了。汤和等人得知内乱，于是立即行动，开始猛攻延平。

围攻到了第十天，陈友定实在是支撑不住了，一想到城破，必将成为俘虏，被朱元璋杀死，即使不被朱元璋所杀，也会因失职被元朝皇帝所杀，陈友定在无奈之下，服药自尽了。主将一死，群龙无首，陈友定手下的部将们纷纷开城投降。汤和等人进城搜索，当他们找到陈友定时，他已气绝身亡了，于是就把他从屋里抬了出来，谁知这时突然下起了一阵雨，这陈友定被雨水一浇，竟然又苏醒过来。陈友定在外地的儿子一听延平城破，父亲也被朱元璋抓了去，便特地从外地赶回来，愿意和父亲一同去死。结果父子二人被双双押往应天。到了应天，朱元璋亲自审讯，朱元璋质问陈友定：

"元廷不道，即将灭亡，你这样一味地执迷不悟，又是何必呢？"

陈友定冷笑道："要杀要剐，动手就是了，哪那么多废话。"

朱元璋见陈友定如此不识抬举，于是说："好，我就成全你父子二人。"结果，陈友定父子二人一同被拉出城外，斩首示众。

半年之后，大将胡廷瑞相继攻下建宁、兴化、漳州、泉州等地，福建地区也成了朱元璋的管辖之地。

到了洪武元年（1368年）二月，朱元璋又任命廖永忠为征南大将军、朱亮祖为副将军，从福建战场挥师进攻广东。廖永忠率军乘风破浪，顺着福州沿岸进入了广东地区。与此同时，大明赣州卫指挥使陆仲亨、副使胡通率领大军从韶州进攻德庆地区。在此之前，全州已经由湖广行省平章杨璟、左丞周德兴、张彬占领了，现在也积极配合廖永忠的大军，进攻靖江等地。

广东地区，是何真的地盘，他的势力已经存在多年了。

何真，字邦佐，广东东莞人。曾经担任过元河源务副使、淡水盐场管勾等官职。后来各地红巾军起义揭竿而起后，他还曾放弃官职，回到乡里组织"义兵"奋力抵抗东莞地区的农民起义。后来，何真逮捕了当地农民起义军的首领陈仲永，之后，何真还悬赏众人捉拿二头领王成。

王成府内有个唯利是图的小人，他贪图钱财，出卖了王成，偷偷地派人把王成捆绑起来，带到了何真府上，以求重赏。何真最看不起这种为了钱而不择手段的人，他说道："君子爱财，取之有道，像你这种小人，卖主求荣，实在是太招人恨了，来人！给我把他搁到油锅里，煮了。"何真很残忍，非但没给这个人赏钱，还把他扔进油锅里处死，以示对那些出卖主子的人提出警告。

此次廖永忠率领大军前来讨伐，恰巧碰上何真派往大都的使者。使者见明军声势浩大，势不可当，于是自作主张，把何真给元廷的奉表偷偷地改成了向廖永忠请降的降书。

洪武元年三月，廖永忠的大军进抵潮州地区，何真见朱元璋的大军确实是太强大了，自己的抵抗无异于杯水车薪，于是干脆奉上印玺和版籍图册投降了廖永忠等人。后来，廖永忠又派人把何真送往了应天府，面见朱元璋。朱元璋为了显示宽容，并没有治他的罪，反而还任命他为江西行省参知政事。面对广州等地的不战而降，朱元璋大喜过望。

至此，朱元璋完全荡平了江南的各股势力，把目光投向了更广阔的北方，准备实现他的最终梦想：推翻元朝的统治，统一中原。

第五节　北伐中原

朱元璋在对陈友谅和张士诚作战、平定江南的过程中，为了防止因对付元军而分散军力，先采取了依附小明王的策略。小明王失败后，朱元璋又采取了灵活的对元策略。

朱元璋之所以能够心安理得地对付陈友谅与张士诚，在很大的程度上得益于有小明王这面旗作为屏障。以小明王为首的宋政权正在与元军周旋，朱元璋在小明王的翼护之下才能够在江南地区不断壮大实力，丰满自己的羽翼，从而把自己的兵力全部投入到与陈、张二人的争霸战之中。

自至正二十年（1360年）以来，朱元璋在与陈友谅、张士诚作战的过程中并非一帆风顺，危险时时刻刻伴随着他。他的身边充满了不可预见的危险，有时连自己也不能把握战局的变化。更要紧的是，与此同时，还出了一件对自己很不利的事。

在以小明王为首的宋政权中，由于刘福通对于反元的形势斗争估计过于乐观，导致在战斗中犯下了一系列错误。

首先，刘福通并没有随着起义的发展进而提出更为有效打击元军的计划；其次，刘福通也没有提出任何明确的口号。这样一来，刚刚见到点儿黎明曙光的穷苦百姓对宋政权的热情大减。刘福通在行军打仗上的确有一手，但是他对于内政、行政上的管理可以说是一窍不通。虽然由他率领的队伍攻占了很多城池，但是往往形成失而复得，得而复失的拉锯战。这样，很不利于根据地的形成与发展，生产更是没有得到保证，百姓的生活总是处在一种恐惧之中，没有一点儿稳定感。刘福通在没有巩固自己的根据地的情况下，就盲目地策动了三路大军进行北伐。由于这次大举北伐根本没有严密的计划，三路大军各自为战，没有做好互相的协调工作，因此导致了至正十九年（1359年）北伐东路军的失败。随着元军大破宋都城汴梁，刘福通不得不护送小明王退守安丰。反元战场也就在此时进入了不利的局面，元军大将察罕帖木儿调集各路大军挥师北上，转而开始对付山东等地的红巾起义军。

　　山东战场上的红巾军高级将领被元军采用种种卑劣的手段先后诱降，起义军内部自相残杀，而元军则坐享渔翁之利。红巾起义军再也没有了以前那种磅礴之势，红巾军的中路军和西路军也在长期的流动作战中，因缺乏粮草的供给和足够的兵源补充，最终被元军打得大败。

　　元军将领察罕帖木儿及他的养子扩廓帖木儿所率的元军在消灭了几个方面的红巾军主力之后，又马不停蹄地开始加紧对付山东的红巾军。至正二十一年（1361年）山东方面起义军在元军的轮番攻打之下，最终还是失败了。在山东大部分地区沦陷后，最后一个据点益都也被元军围困起来。刘福通亲自率领大军前往解围，可是元军人多势众，他的大军也被元军击败了。转眼到了第二年十月，益都城被破，守城的红巾军高级将领统统被杀，山东全境已被元军占领。

　　至此，红巾起义军大势已去。朱元璋面对这种形势深感不妙。在他占领应天的这几年时间里，之所以能够比较顺利地得以发展，就是因为有刘福通等人牵制了大部分元军的精力，使得元军无暇顾及朱元璋这支在当时还很弱小的起义部队。现在山东全境被元军占领之后，朱元璋以前所依赖的屏障轰然倒塌，令他心急如焚。

朱元璋在坚持与陈友谅、张士诚作战的同时，还得提防与元军部队的正面交锋。为了能使自己腾出时间，全力攻打陈友谅和张士诚，朱元璋用了一个缓兵之计来对付元军，这就是利用"议和"，与元政府在一定时期内建立一种和平共处的方针政策。

从当时的立场上来分析，朱元璋已经不再是一个纯粹的红巾军将领了，他更多的是处处从自身集团的利益出发，以求自保。如果从整个反元大业的局面上来考虑问题，朱元璋的这个举动无疑是与自己当初的反元志向相悖，甚至走到了反元斗争势力的对立面。

经过察罕帖木儿的提议，元政府注意到了朱元璋所发出的议和信号，于是想招降朱元璋以稳定江南的局势。不久，元顺帝派户部尚书张昶、郎中马合谋与奏差张链带着御酒、八宝顶帽和任命朱元璋为荣禄大夫、江西等处行中书省平章政事的诏书，从大都出发，航海到了方国珍处，准备经此地去应天招降朱元璋。

元廷通过方国珍与朱元璋打交道，是方国珍积极活动的结果。方国珍一度答应朱元璋的招降书，但后来又降了元朝，每年往大都运送张士诚提供的粮食，并为元朝招降朱元璋牵线搭桥，想左右逢源，两面讨好。为此元廷先后提升他为淮南行省左丞相、江浙行省左丞相。但朱元璋并不买他的账，故意置之不理。方国珍两次派人来到朱元璋的应天府递交诏书和礼品，都石沉大海，杳无音信。张昶等人在方国珍处整整住了一年，也没有见到朱元璋的回音。于是他们打算另找出路，告辞方国珍之后，他们又转往他处继续与朱元璋进行商讨招安的有关事宜。

直到至正二十二年（1362年）六月，元军大将察罕帖木儿被进攻山东时所获的红巾军降将田丰、王士诚所杀，朱元璋的形势有了好转。他与身边的将士们经过讨论，分析出元朝内部的形势已经趋于紧张，元军的威胁已经随之减缓，不可能在近期内发动大规模的进攻，于是朱元璋态度也开始慢慢地强硬起来。

　　至正二十二年（1362年）十二月，张昶一行人马带着元顺帝封朱元璋为江西等处行中书省平章政事的诏书来到了应天。他们刚到应天城，就吃了朱元璋的一个"下马威"，被朱元璋派的士兵扒去了元朝的官服。最后，推搡之下被带到朱元璋的面前，朱元璋吩咐士兵给他们穿上官服，张昶等人并不为此感恩言谢。朱元璋大怒，斥责道："元廷不明眼下时势的变化，都到了这时候了，他们还敢派你等来煽动蛊惑我的军民！"张昶等低头沉默不语，而马合谋却骂不绝口。朱元璋下令把他们统统捆绑起来，等着晚上枭首示众。

　　张昶已经在元朝为官多年了，熟知各种法典规章制度。傍晚时分，朱元璋吃过晚饭后，私下里来到了关押张昶的牢房，他问张昶："你快要临死了，还有什么要说的没有？"张昶乃大丈夫也，誓不低头地说："我为元廷卖命，尽心尽力，无怨无悔，无话可说。"

　　"可你想过没有，元朝政府昏庸无道，欺压百姓，鱼肉人民，为这样的政府效忠，有什么正义可言，你这不是等于帮着那些贪官污吏协同作乱吗？"

　　张昶对朱元璋的一席话语仍有抵抗情绪："他们是他们，我是我，我张昶做事光明磊落，从不做害人害己之事，你要杀要剐，就赶紧来吧。"

　　朱元璋站起来，摇了摇头，转身走了。可是刚走到牢房的门口，突然又转过身来，他向张昶问道："听说你对元朝的法典制度很是熟悉，不知是真是假？"

　　"是又怎样？不是又怎样？"张昶仍是一副大义凛然的样子。

　　"我想向张君请教几个法典上的问题……"

　　朱元璋向张昶问及了有关的十多个法律条文及朝廷里的事，张昶对答如流。

晚上，士兵们把张昶与马合谋、张链等人一起押到聚宝门外斩首，然后又把三颗血淋淋的头颅拿到福建边界悬首示众，以表明不受元廷招降的决心。

几天后的一个下午，朱元璋唤来谋士刘基、宋濂，笑着对他俩说："元朝给我送来一个大贤人啊，今后可以与你们共同一起为我议事了。"俩人正在发愣之时，只见张昶从屋中走了出来，他们对张昶没有被处死感到疑惑不解。原来，朱元璋爱他是个人才，不忍杀他，准备留用，在晚上行刑时，偷偷地用一个死囚给他当了替身。后来，朱元璋还任命张昶为行中书省都事掌管行政。

察罕帖木儿已被田丰、王士诚刺死后，察罕帖木儿的义子扩廓帖木儿掌握了兵权。扩廓帖木儿派尹焕章出使应天，赠送马匹，并放回被察罕帖木儿扣留的朱元璋使臣，企图换回朱元璋对元廷的信任。朱元璋遣都事江河送回尹焕章，并给扩廓帖木儿带去了亲笔信，声称他过去两次派人与其父察罕帖木儿通好，并没有请降元朝的意思，只是想与其父互为友好。

为了保存和壮大自己的实力，朱元璋对元朝提出了"议和"的策略。虽然他借此拖延了打败陈、张两派势力的时间，却也因此引发了部分大将的反叛。可以说，朱元璋在对元政策上做了一次利弊两难的痛苦抉择。

由于朱元璋当初提出的"议和"之举违背了反元的初衷，部分反元将领因此而反对朱元璋。在几起反对朱元璋的叛乱中，以苗军降将最多，他们大多数对元廷有着刻骨铭心的仇恨，在得知了朱元璋的这种行径之后，义愤填膺，非常生气，于是纷纷起来反对朱元璋，其中朱元璋手下的一代精忠名将胡大海就在叛乱中被谋害丧命了。大将邵荣因谋害朱元璋，事泄后也被杀害了。赵继祖、宋国兴的反叛对朱元璋更是一次沉重的打击。

朱元璋对元朝的策略是跟着元朝的势力变化而变化的。当元军镇压了刘福通之后，朱元璋便采取了议和的态度。但是，接下来元廷内部争权，势力渐弱，朱元璋也就逐渐强硬起来。

红巾军的大火在全国各地熊熊燃烧，元廷刚刚扑灭了这边的野火，那边又着起来。经过各地红巾军的轮番进攻，元王朝已经是元气大伤，奄奄一息了。刚刚剿灭了刘福通的起义军，元廷内部又出现了新的内讧。彼此之间，互相倾轧，这使得本已病入膏肓的元廷更是雪上加霜。

在镇压红巾军的过程中，元廷形成了几个新派别的军阀。他们的实力都很强，他们分别是察罕帖木儿、孛罗帖木儿、李思齐和张良弼。

察罕帖木儿在阻击刘福通西路军的北伐中力挽狂澜，大显身手，力控山西、陕西、河南、山东等地。而孛罗帖木儿乃答失八都鲁之子。答失八都鲁当初在河南也曾打败过刘福通的红巾军，立有赫赫的战功。不过，由于他没有及时有效地剿灭起义军的余势，因此使得朝廷怀疑他与红巾军暗通友好，答失八都鲁一气之下，卧病不起，含恨而终。其子孛罗帖木儿子承父业，被任命为河南行省平章政事，统领父亲的兵马继续征战。

至正十九年（1359年），孛罗帖木儿奉命移师山西大同，但随即与那里的察罕帖木儿发生冲突，双方谁也不肯服谁，就这样你来我往，打了起来。时至第二年，元帝妥懽贴睦尔实在看不下去了，责令他们立即停战，并下达这样一条指令：孛罗帖木儿、察罕帖木儿两人以石岭关为界，化干戈为玉帛，握手言欢。可是没过多久，二人又打了起来。

至正二十一年（1361年），察罕帖木儿派其养子扩廓帖木儿去大都贡粮，扩廓帖木儿趁此良机与皇太子爱猷识里达腊搭上了关系，两人互通友好，相互支持。

这时，驻鹿台的张良弼倒向了孛罗帖木儿这边，察罕帖木儿就联合驻凤翔的李思齐合伙进攻张良弼等人。

至正二十二年（1362年）初，元顺帝不得不再次出面，诏令张良弼立即进军襄汉，命李思齐出兵四川。可是他们谁都没把皇上的政令当回事，还是相互攻击拒不理会。同年六月，察罕帖木儿在山东被起义军田丰、王士诚等人刺杀，其子扩廓帖木儿统领他的军队。

朝外战事不断，朝内更是鸡飞狗跳。元顺帝与其皇后，还有皇太子爱猷识里达腊之间的矛盾也已开始激化。

至正二十三年（1363年），右丞相搠思监与皇后密谋，企图让皇太子爱猷识里达腊提前继位。御史大夫老的沙带领一些朝官一起弹劾了搠思监。爱猷识里达腊怀恨在心，进行了报复，他用计免掉了老的沙的官职，准备将其置于死地。老的沙连夜逃到孛罗帖木儿处，向他求援。孛罗帖木儿把他收留了下来。

元廷立即下令解除孛罗帖木儿的兵权，并派扩廓帖木儿对孛罗帖木儿进行讨伐。孛罗帖木儿索性派兵造反，进攻大都。大军压境，太子爱猷识里达腊逃出了大都。这时，元顺帝万般无奈，只得把搠思监治罪，恢复了孛罗帖木儿的兵权，孛罗帖木儿这才退兵。爱猷识里达腊回到大都后，又加紧部署，调集人马准备对孛罗帖木儿进行讨伐。这样一来，又逼迫孛罗帖木儿再次进攻大都，兵临城下。爱猷识里达腊落荒而逃，一直跑到太原，依附了扩廓帖木儿。

在大都城里，孛罗帖木儿逼迫元顺帝册封他为左丞相，命老的沙为平章政事。但是扩廓帖木儿和李思齐联合出兵，向大都逼近。见势不妙的元顺帝立即杀了孛罗帖木儿，企图讨好扩廓帖木儿。

· 161 ·

皇太子爱猷识里达腊又回到了大都，依仗扩廓帖木儿的势力，企图逼父逊位，但扩廓帖木儿坚决反对。他认为不能干出如此大逆不道、违背天理的事来，不肯支持他，两人就此彻底闹翻。

至正二十五年（1365年）闰十月，太子爱猷识里达腊封扩廓帖木儿为河南王，节制天下军马，趁机把他排挤出了京城。扩廓帖木儿奉命出京，以为大权在握，从此便可以指挥天下的军事政权了。可是这只是一厢情愿，老将李思齐首先不服。

李思齐是同察罕帖木儿一起出兵作战的，见扩廓帖木儿一个晚辈，反倒爬到自己的头上来，喝令自己，岂能忍受！当他接到扩廓帖木儿的调兵文书时，当然拒不服从。在他的带领之下，张良弼、孔兴、脱列伯等人也联合起来，一概不听从扩廓帖木儿的调遣，他们还推举李思齐为盟主，双方在关中一带展开了较量，结果是多次争斗，各有胜负，分不出谁上谁下。

至正二十七年（1367年）八月，朱元璋对张士诚的战争已是胜利在望，讨伐中原指日可待。元顺帝这时真是有些坐不住了，他恨自己与这些皇太后、皇太子及大臣武将纠缠的时间太长了，于是立即下令罢黜扩廓帖木儿的兵权，只给了他自己原先的兵部，去淮东抵制朱元璋的进攻，并令李思齐等人从凤翔出兵，拿下四川。但是，扩廓帖木儿哪能将刚刚到手的兵权再交于他人之手呢？可是他的部将貂高、关保却不听他的命令，倒向了朝廷的一边。于是，扩廓帖木儿又开始与自己的人马较量了起来。

面对元朝的几员战将扩廓帖木儿、孛罗帖木儿和李思齐、张良弼等人的派系之争，朱元璋准备再进一步，果断决定进军北伐。可以说北伐中原的决策是在平定福建、进军两广的过程中做出的。随着江南等地区的平定，北伐中原只是个时间问题。可是，进攻中原此事非同小可，它意味着将与元朝政府正面作战，朱元璋深知胜者为王，败者为寇。面对这场直接关系到能否推翻元朝统治，赢得天下最高权力的决战，一向用兵持重、谨慎的朱元璋此时更加慎重了。

至正二十七年（1367年）九月底，为了能打赢这场战争，为了能有十足的把握，朱元璋召开诸将联席会，讨论进攻中原，成就大业的作战方略。

会上，朱元璋首先明确这次北伐的意义，他说：

"诸位爱卿，已经看到了南方地区近已平定，但中原的百姓仍旧生活在水深火热之中，所以我们不能就此止步，企图自守。我们应当果断进攻中原，推翻元朝的残暴统治，救人民于水火，夺取最后的胜利，统一天下。"

然后，便与众人商讨进攻中原的作战方案。

朱元璋首先向身边的谋士刘基征求意见，刘基说道："明王政权现在已是地域广阔，百姓日众，实力甚是强大，席卷天下已经不在话下，我认为现在应该长驱直入，直接开赴中原与元军作战了。"

此时，朱元璋摇了摇头说道："刘爱卿，怎么忘了曾经劝我的话了呢？记得那时刘爱卿劝我，头脑要时刻保持冷静，持重行事，土不可以恃广，人不可以恃众，凡事都应慎重行事，必须在战略上重视敌人。"

刘基低头不语，这时部将常遇春说："我认为我们应该擒贼先擒王，只要把那元顺帝捉住了，就什么都好办了，所以我认为，我们应该集中兵力，直捣元都。"朱元璋又是摇摇头。他认为这样冒的险有些大了，俗话说"饿死的骆驼比马大"，再怎么说元朝的势力也并不比我小。所以朱元璋并没有采纳他的主张。

最后，朱元璋综合大家的意见，道出了自己对进攻中原的想法："虽然现在我们取得了不小的成绩，但是我们千万不能有麻痹的思想，更不能轻视元军的军事实力。直攻元朝大都的危险性是非常大的，试想元朝的都城已经经营了上百年的时间，战备防御工事肯定已经很坚固了。如果我们贸然深入，在都城下面长时间地消耗我们的战斗力，必将会使我们成为疲惫之师，再说由于补给线过长，万一敌人切断了我们的后路，我们岂不是反而被元军包围起来了吗？粮草一旦断绝，士兵必然会斗志全无，这样无疑给了元朝政府喘息的机会，到那时元朝援兵就会从四面八方赶来，我们岂不是到那里白白送死吗？"

为了夺取这次战争的胜利，朱元璋可以说是绞尽了脑汁，冥思苦想。一方面是大都的坚固，另一方面是自己的实力有限，怎么才能回避敌人的长处，而尽量发挥出自己的优势呢？大堂之上，谁都没有拿出一个切实可行的办法，纷纷你看着我，我看着你，谁也不知该如何是好。

这时，朱元璋突然又开口说："攻取中原的办法有了，我们应当采取侧面包抄的办法，将元军困在中原，叫他们无计可施。元大都为这次进攻的重点，因为那是元顺帝的栖身之地。我们何不先剪去他身边的枝叶，再对付这个老根呢？"众人仍疑惑不解地看着朱元璋。

这时，朱元璋走到了一张巨大的地图前，一边指着地图，一边说道："我们应该先取山东，撤其屏蔽；然后再挥师河南，断其羽翼；拔潼关而据守，据其户槛，将天下形势纳入我掌控之中，最后再进军元都，这样不仅万无一失，而且在攻下大都后，我们还可以乘胜追击，举兵西进，不久云中、九原还有关陇都会进我囊中了。

这样，岂不是更好吗？"

刘基这时又开始说话了："看来，主公早已是胸有成竹了。"

朱元璋说："我也是听了大家的发言之后，才得此结论的。纵观天下历史，不知有多少次战争因主将考虑不周，用兵不当而导致最终失败的。所以我们讨论这次北伐并非只是走走形式。我也是受到大家的启发才产生这个稳扎稳打、步步为营的想法的，我的战争方针是我军前方与后方必须紧密地联结在一起，不能对敌人抱任何的幻想，必须把人员和粮饷的补给完完全全地控制在自己的手里，这样才能获得主动权，这样才能进可攻，退可守。集中兵力打击敌人的分散之旅，而后再消灭其主力。"

刘基道："主公所言极是，如此一来我们必然会稳操胜券。"

"稳操胜券不敢说，最起码能立于不败之地吧。"这时朱元璋和部下们一同笑道。

看来，经过多年的战争实践，朱元璋已经成为一个既能细心大胆做事，又能统领全局的高明军事专家了。一次一次的战争，使得朱元璋的军事指挥能力不仅得到了充分的锻炼，而且还运用得越来越得心应手了。正因为如此，他才能很快地制定出一个行之有效的作战指导方针，并且还能有理有据地分析论证，使文武群臣佩服得五体投地，一致同意了这个方针。

至正二十七年（1367年）十月，朱元璋在命令胡廷瑞进攻福建的同时，北伐战事正式拉开。

朱元璋命徐达为征虏大将军，命骁勇善战的常遇春为副将军，率兵25万，由淮水入黄河，浩浩荡荡分师北伐。朱元璋对于这两人的分工也是经过一番论证的。他认为徐达用兵持重，从不打无准备之仗，能做到军纪严明，戒骄戒躁，攻必克，战必胜，且得民心，所以任命他为征虏大将军再合适不过了。而部将常遇春勇往直前，即使面前有再多的敌人，他也敢于冲锋陷阵。只是担心他过于好斗而中敌人埋伏，所以把他任命为副将军。

出征前朱元璋还特别向众将告诫："各位将士，一路珍重的话，我也不多说了，只因大敌当前，行军作战，当以常遇春、冯胜（冯国胜现已改名为冯胜）二人分为左右翼，将精锐进击。右丞薛显、参将傅友德勇冠诸军，各领一军，独当一面。大将军徐达专主中原，责任是帷幄运筹，决胜千里。"

朱元璋虽然曾经多次向众位将军再三强调过军律军纪的问题，但他还是不放心，出征这一天，他登上应天城北七里山设坛祭告神祇，向诸将告诫："此次北伐乃是奉上天的旨意，是为中原百姓平息祸乱的，重要的是平定中原，推翻元朝统治，解除民痛，安定民生。所以你们此次出师只能打仗，不可扰民。"

朱元璋不愧为一名成熟的封建政治家、军事家。朱元璋能以爱民惜民为己任，说明他深知既然要坐江山，得天下，就不能像陈友谅、张士诚那样一味地以财色为重。保护老百姓的利益，保障生产力不会因战争遭受伤害，不仅深得人心，对日后的经济恢复与发展也是大有好处。

北伐进军的第一站是山东。

至正二十七年（1367年）十月，徐达、常遇春率领大军抵达淮安，准备与张兴会师。十一月，徐达下令开始进兵下邳、沂州，结果元朝沂州城破，守将王宣、王信父子统统被杀。

在攻占沂州后，徐达命令一部分将士扼守黄河要地，以阻断山东元兵的增援部队。然后又派出一行人马由徐州沿大运河沿岸直攻东平、济宁，自己则亲率主力攻进益都，益都守将元宣抚使普烟不花最终抵挡不住军队的猛烈进攻，中箭身亡了。徐达顺势又拿下了临淄、昌乐等六州县。等到次年二月，大将常遇春已经攻下了东昌，到了三月末，整个山东地区基本都已归入了朱元璋的囊中了。

山东的平定可以说还是比较顺利的。刚刚安排好山东地区的收尾工作，徐达和常遇春又按照原计划向河南方向进军了。为了能尽快地把粮食送到部队手中，朱元璋命汤和从福建北返明州建造海船，以便从海上为北伐军再提供一条后勤补给线。同时，派康茂才率兵北上，支援徐达等人。此外，为了牵制和分散元军，策应徐达西取河南等地，朱元璋还命令征戍将军邓愈率领襄阳、安陆等地的驻军攻取南阳以北的各个州郡。

接下来的战斗就更是顺利了。各将领一路过关斩将，势如破竹，元军部队纷纷弃城投降。

洪武元年（1368年）三月，徐达率师自郓城乘船向黄河上游西进，直接逼近汴梁东北的陈桥地区，逼迫元军守将左君弼不得不率部投降。四月，徐达率兵进占河南府，又连克汝州、陈州、嵩州、钧州等诸州。

与此同时，在战场的另一方，冯胜带兵攻略潼关地区，元军守将最后也是放弃陕州城，临阵逃跑了。潼关元将李思齐、张良弼相继放弃潼关，逃入关中，以求自保。潼关陷落后，华州的元军深感恐惧，纷纷落荒而逃。到了四月底，整个潼关以东的河南诸郡基本上都已平定。至此，朱元璋的北伐军已经完成了他所说的"撤其屏蔽""断其羽翼""据其户槛"的作战任务了。此时，朱元璋的大军已经对元大都形成了三面包围之势，夺取元大都简直易如反掌。

五月底，朱元璋亲自从应天动身来到汴梁指挥战斗，部署进攻大都的作战方案，而且特别告谕各位将领：

"中原百姓,久为群雄所苦,死亡流离遍于道路。前代革命之际,兵革相加,肆意屠戮。违天虐民,朕实不忍,你们要引以为戒。克城之日,不要掳掠,不要焚荡,不要妄杀。要做到市不易肆,民安其业。对元朝的宗室,要妥善安置,加以保护,以实现朕伐罪救民的志愿。有不听命者,罚无赦。"

洪武元年(1368年)闰七月,徐达、常遇春利用元军的内讧之机,趁机挥师渡河,在临清与诸将会师,马步舟师齐沿运河北上,攻克了德州地区。徐达派人赶制了一座浮桥以便快速过河到达河西,再次击败了元军的抵抗。七月下旬,势不可当的徐达大军攻克了通州。此时的元顺帝就像一只丧家犬,惶惶不可终日。七月二十八日夜里,元顺帝就带着自己的后妃和太子从健德门经居庸关逃往上都去了。

洪武元年(1368年)八月二日,徐达等人成功攻占了元大都。到齐化门后,将士们填壕登城而入,生擒元留守淮王帖木尔不花等人。至此,元大都已经被攻破,元朝的统治被朱元璋推翻了。

第五章 开国皇帝

第一节　石龟爬行

朱元璋为了夺得政权，建立新的王朝，出于政治的需要，把自己的出身大大地美化了一下。于是，本来极为平常的农民出身转眼间他就成了无比尊贵的神。

如果朱元璋以一介平民的身份夺得天下，那必将会给人留下这样的印象：同样是人，一个脑袋两条腿，凭什么你能做皇帝，我就不能？所以说，有着这种不服和挑战心理的人的存在将会对一个新生的王朝非常不利。

朱元璋本来就穷得上无片瓦、下无寸土，是个讨饭的人。小时为混口饭吃，只好替大户人家放牛，后来干脆到皇觉寺当了小和尚，苦度光阴。可是，等到他参加红巾军造反，推翻了元朝，当上了开国皇帝后，很快就被神化起来。

如果稍微留意一下历史记载中的皇帝们，我们就会发现，他们的身世大多不同寻常，他们的故事总是跟神或龙有关。一言以蔽之，他们都不是凡夫俗子。他们的母亲不是受到了什么神仙的点化而怀胎就是遇到了神仙而成孕，也就是说他们不是神的后代，就是龙的子孙。

历代的皇帝们都会编造一些传奇故事，以让人们五体投地地信服他。朱元璋也是如此，他就编造了许多有关自己的传说：话说有一天，他的母亲在河堤坡睡觉时，父亲朱五四发现一条大龙伏在其妻子身上……意思无非是要证明朱元璋是龙种、龙命，是真龙天子。

当然还有许多其他关于他出生的版本,如:在朱元璋出生的前一天晚上,正值秋收大忙季节,由于朱元璋家里人手不够,已经怀有身孕的母亲陈氏仍然坚持到田里劳作,干了一会儿活,感觉身体非常疲惫,她便靠在旁边的草垛上昏昏睡去。

在梦中,陈氏梦到从麦场的北边走来了一个穿着红袍、头戴黄冠的长髯道士,这个道士走到她的跟前,在麦场的麦糠里翻了一会儿,从中找出了一个小药丸来,接着他把这个小药丸递到了陈氏的面前。陈氏发现这个药丸非比寻常,开始慢慢地变大,并且发起光来,便问这个道士,这是什么东西。道士告诉陈氏说:"此乃大丹,是个好东西,吃了之后,其妙无穷。"陈氏听从了道士的话,就把这颗药丸吞下肚,再找道士时,发现道士已经不见了。吃惊之下,陈氏一下从梦中醒来,便把这个梦告诉了丈夫,丈夫果然还能从陈氏嘴里闻到隐隐的药香。

一个平常百姓家,摊上这么一件闻所未闻、令人惊奇的大事怎能不让人奇怪,但是精彩的事情还在后面。

到了第二天,陈氏仍然坚持在麦场里干活,干着干着突然觉着就要临盆了。于是她连忙往家赶,但是事有不巧,当她走到半路的时候就再也支持不住了,只好躲到山坡下一所破烂的庙里生下了朱元璋。

据说,朱元璋出生的时候,整个庙里面都在闪着红光,以至映得附近的山岭也红彤彤的,这自然是不同凡响的事情。而当陈氏把朱元璋抱回家之后,乡亲们发现朱元璋的家里也是一片红光。起初,他们还以为朱元璋的家里起了火,就连忙拿着救火的工具跑了过来,等到了近处一看,却发现不是那么回事,就是朱元璋的家里人,一年之中也经常发现家中有红光闪烁,最终发现原来是敬神的烛光。

从此，朱家愈发认为朱元璋不是俗人凡胎。

有关朱元璋身世的神话层出不穷。

关于朱元璋当和尚后在菩萨身上写的"发配三千里"的事，也被描述得绘声绘色。

传说朱元璋因为伽蓝殿案上的红蜡烛被老鼠咬坏而受到长老的责怪后，朱元璋拿起笤帚去扫地，抬眼望见伽蓝菩萨那神气的样子，气上加气。心想：伽蓝菩萨是寺院的守护神，自己看护不好物品，才该挨罚呢，举起扫把，"噼里啪啦"在伽蓝菩萨身上写上"发配三千里"五个字，并说："神仙犯法与凡人同罪。方丈不敢罚你，我敢罚你。"朱元璋气倒是出了，但时间耽误了，天近晌午才扫到大殿，心中不免发急。他扫着扫着，顺口说道："大菩萨、小菩萨，快快站到一边去，别妨碍我扫地。"大小菩萨果然一个个真的都站到了扫过的一边。朱元璋两三笤帚扫得干干净净，然后又说："大菩萨、小菩萨，地已打扫完毕，就各归各位吧。"大小菩萨又一个个回到了原位上。

一天，朱元璋打罚伽蓝菩萨及支使菩萨的事，被人告发到方丈那儿。方丈半信半疑，就去看个究竟，当他见伽蓝菩萨身上果然写有五个字，很是生气，一面叫人把字擦掉，一面去找朱元璋算账。可是，找到大殿望见朱元璋没扫地，又在那支使菩萨，便惶恐不安地念着"善哉善哉"低头走了。回到方丈室，方丈心里想："这小行童造化不小，竟能使动神灵，长此下去，如何了得？"于是，他借口寺里管不起饭吃，打发朱元璋僧游四方。

还有一个凤凰的传说。

朱元璋小时候，家里很穷，七八岁就在这一带给财主家放牛。每到农忙季节，他就跟其他孩子下地干活，中午别人都回家吃饭去了,只有他还留在山坡上放牛。肚子饿了就摘些野果子充饥,只是头上长的秃疮在太阳底下晒得难熬。头几天,他还牵着牛拣草多的地方放,后来秃疮被晒得钻心的痒,他索性把牛撒在西山坡,自己往大石板上一躺,来个瞎子放牛——随它去。说来也怪,每天只要他躺下一合眼,会顿时觉得全身凉快,秃疮也不痒了,天天中午都能睡上一个好觉。原来,每天朱元璋睡着以后,不知打哪儿飞来一只美丽的凤凰,落在雁子山西坡,以金鸡独立的姿势,屹立在石板上方的石头台上,展开五彩缤纷的翅膀,如同一把硕大的凉伞,为朱元璋遮挡烈日。

一天,村上有人见此情景,感到惊奇,就传扬开去,大伙似信非信,都朝西山坡跑去,想亲眼见一见凤凰。可是,凤凰见了人群,很快收回翅膀,展翅飞向天空。朱元璋被吵醒,大家七嘴八舌地把看到的情景一说,他才弄清每天为什么睡得这么香甜。谁知打那以后,凤凰再也没有飞来。

后来,朱元璋登基做了皇帝,乡亲们想起这件事,都说,雁子山是"卧龙降凤"的好地方。于是,就把当年朱元璋睡过的石板叫作"卧龙石",把凤凰落脚的石头叫作"凤凰台",还推选画匠把凤凰画成画,献给皇上。画匠根据大伙说的凤凰形象,画了两幅凤凰,凤凰的造型都是"蛇头、龟背、九尾十八翅、鹰嘴、鸡爪、如意冠"。

这一天,朱元璋正为建都何地而犹豫,忽听家乡有人来献画,立刻宣召进殿。他接过画卷,展开一看,见是"龙凤呈祥""丹凤朝阳"两幅画,心想:"自己既是龙的化身,又是凤凰的形象,我岂不应在龙凤之乡、发祥之地建都呢?"想到这,不禁龙颜大悦,连声说:"画得好,画得好!"他重赏画工之后,对老画匠说:"朕决定把都城建在家乡,你回去带一帮徒弟,以后住在京城里,就专门给我画凤凰，画得好，每年我都重重有赏！"

朱元璋特别喜欢凤画，把紫禁城后面东西相连的几座山峦，赐名为"凤凰山"，又取凤画《丹凤朝阳》之义，将家乡定名为凤阳，意喻家乡像一只美丽的凤凰，朝着太阳，永远吉祥。虽然后来凤阳没成为京城，但府东街凤画庵林立，被称为"凤凰街"。自此凤画逐渐成为凤阳特有的一种民间艺术，一直流传至今。

一块普通的石板和石头台子，却因为与明太祖朱元璋有关系，所以这雁子山西坡的"卧龙石"和"凤凰台"也因此沾上了仙气。

有关朱元璋与凤凰的传说还有许多，其中有一则与朱元璋父母的墓地有关。

相传元朝末年的一天，凤阳上空突然飞来了一只彩凤，盘旋两圈之后，便向西南方向飞去，降落在一片荒滩之上。消息传开，人们纷纷赶到那里观看。且说此时，府官巡视路过这里，见有只凤凰冲着自己落下，心想：凤凰是种神鸟，象征吉祥，如能捉住它，献给皇上，真是做官不贪财，富贵天上来！想到这儿，非常兴奋，一纵身扑了上去。那凤凰低首长鸣一声，展开双翅，腾空而起，飞进云彩里去了。

围观的人见凤凰飞走，便一哄而散。而府官却两手一动不动地按在凤凰落下的地方，大声喊衙役："你们快拿锹来挖，凤凰不落无宝之地，这里一定有宝！"衙役们找来铁锹，从上午挖到傍晚，结果一无所获。府官只好拂袖而去，留下一个又大又深的土坑。

不久，朱元璋父母相继去世。当时，他还是个孩子，父母是个佃户，一生穷困，死后连个葬身之地都没有。朱元璋和他二哥用草席卷好二老尸体，放在独轮车上，去荒滩埋葬。刚到凤凰降落、府官挖坑的地方，突然乌云密布，狂风怒吼，雷电交加，倾盆大雨倒将下来，不料尸体滑进坑中，两人便到一棵大树下避雨去了。不一会儿，风停雨止，两人走近一看，大吃一惊，土坑不仅被暴雨冲平，还被狂风卷成一个高大的土堆，人们都说这是天意，是老天给埋葬起来的。

朱元璋当了皇帝以后，多次考虑启坟改葬，他亲自到凤阳选择地势，后因有人劝谏，说他之所以得了天下，是因为"凤凰点穴，府官打坑"的"宝地"被他父母占着了，如若改葬，破了"风水宝地"。一来使先人在里面魂魄不安；二来会对大明江山不利。朱元璋信了这话，于是命令在原墓地培土厚封，修建陵寝，这就成了现在的明皇陵。

民间关于刘伯温与朱元璋的相识也有传说。

传说朱元璋投军之后，见郭子兴和几位元帅不和，心想不如自己打江山，可是苦于手头无钱。有一天，朱元璋在进城途中遇到一位算卦的道士。那道士好奇地看了看他，说："这位壮士，你眼下该走财运了！来，我给你二百铜钱，你去跑趟生意。"说着从怀中掏出铜钱。

朱元璋接过钱又感激又为难，说："这二百个铜钱能做什么生意呢？"

道士说："眼下芜湖的乌梅便宜，你去买来后运到金陵去卖，保证能发大财。机不可失，时不再来，我们后会有期！"说罢头也不回就走了。

几天之后，朱元璋半信半疑地来到芜湖，找一家大药店问："有乌梅卖吗？"掌柜的应道："有，买多少？""买二百铜钱的！"朱元璋说。

当时芜湖乌梅滞销，此家店主早想处理乌梅腾仓进货，忽听有人要买二百铜钱的乌梅,便带朱元璋来到库房,指着堆积如山打好包的乌梅说:"二百铜钱你尽管运。"

朱元璋说:"好!君子一言,驷马难追!"于是,朱元璋付过钱,然后雇来一只大船,满载乌梅,一昼夜便来到金陵,找了家客店住下。店老板一见这么多乌梅,惊讶地说:"客官是朱元璋吧?我们这里有钱也买不到乌梅呀!你运来这么多,不仅自己能发财,还能为许多人消灾除病呢,你不知道,昨晚有位道士大街小巷地唱:'二更天到来鼓二擂,朱元璋到此卖乌梅。乌梅汤来真灵验,驱瘟除疫寿万年'。"

朱元璋听了,更加感激那道士的暗中相助,立即贴出"朱元璋在此卖乌梅"的招牌。消息很快传遍全城,前来购买者人山人海。朱元璋想起从前父母、兄长死于瘟疫的惨景,便本着"穷人吃药、富人给钱"的想法,见是穷人不收钱,见是富人多收钱。结果卖的乌梅只剩下两筐了,朱元璋猛然想到现在家乡也流行瘟疫,既然乌梅汤如此灵验,何不带回去搭救乡亲们呢?于是朱元璋挑着两筐乌梅,带着赚来的一大笔钱往回赶。

那天,朱元璋正挑着乌梅急忙往家赶,一路上又施舍些给有病的穷人,到村里只有一点点了。他心想,这点乌梅能救几个人呢?正在犯愁之时,忽见有人到於皇寺(现为龙兴寺)的井里挑水,他急中生智,把筐底的乌梅全倒在了井里,顿时,井里散发出一股股乌梅味。他转愁为喜,对前来打水的乡亲们说:"乌梅汤能驱瘟除疫,这井水变成了乌梅汤,喝下水,有病能治病,无病能预防。"当即有几个病人喝了这井水,果真水到病除。好事传千里,很快四乡八邻的人都来取这井水治病,从此,人们就把这井叫"乌梅井",一直传到今天。

后来,朱元璋靠这笔钱招兵买马,组建了自己的队伍,很快打下了金陵。朱元璋听说那道士原来是刘伯温装扮的，便把刘伯温请来做了军师。

关于朱元璋定都金陵（今南京），也有一些有趣的故事。

话说朱元璋自从到濠州投军后，南征北战十几年，在南京登上了皇帝宝座。但他对在此地建都并不满意，便于登基次年，下令在自己家乡建造一座比历代都要好的都城。圣旨传下来，全国的能工巧匠一时间云集凤阳。经过六年紧张的营建，一座精彩绝伦的城池宫阙赫然屹立在凤阳大地上。此时，朱元璋从南京兴冲冲地赶来验工犒赏，一到凤阳，他即率领文武百官，站在紫禁城城头观胜。文武百官个个把新城夸得天花乱坠。

朱元璋心里很高兴，但他见刘伯温没吭声，于是问道："刘爱卿，今日陪朕游览中都形胜，为何缄口不言？"

刘伯温见朱元璋发问，"扑通"一声跪地："我主万岁，依臣愚见，凤阳曼衍，远有方丘湖，近有马鞍山，今虽已置中都，然非天子可居也。"

朱元璋听了一惊，忙扶起刘伯温，说："你快说说，这地势有哪些忌讳？"

刘伯温说："北面的方丘湖芦苇冲天，里面能藏兵百万；西北的马鞍山高耸城外，上面支炮，一炮即轰倒紫禁城。请皇上速加择地建都，不然对大明江山不利。"

朱元璋觉得此事非同小可，便问道："那依你看，把都城改在哪儿好呢？"

刘伯温知道朱元璋真心想把都城建在帝乡，信口答道："向东南移一箭之地。"

朱元璋想，一箭之地反正超不出家乡，就同意了。

刘伯温随即派人取来弓箭，对朱元璋说："凭皇上神力往东南射一箭，箭落哪儿就在哪儿改建都城。"

朱元璋拉开弓，箭在弦，"嗖"的一声，御箭飞行45里，失去了气力，便朝下落去。此时，天上的太白金星算到朱元璋该在南京定都，于是化作一只金鹰飞来，嘴一张，衔住下落的箭冲天再起，穿云破雾直到南京才丢下那支箭。过后，朱元璋闻报只好改变初衷，按中都宫阙的模样，把南京扩建成都城。

此后，那只金鹰夹住箭的地方，被人们称作"夹鹰箭"或"鹰接箭"。久而久之，当地傍涧而居的殷氏人家，取名"殷家涧"。后逐渐发展成村落、集镇，简称"殷涧"。

在众多的故事里最具传奇色彩的是，当年江淮大地上流言四起，盛传要接新天子。朱元璋好奇，也站在一块倒在地上的石碑上，爬上石龟背上眺望远方，石龟居然向前爬了十几步！朱元璋也就由人变成神，成了人间活菩萨。

传说如此美丽，但往往并不真实。熟悉朱元璋历史的人都知道，朱元璋在出生之前，他的父亲朱五四已经有三个儿子和两个女儿，家庭负担早已承受不起。为了生计，陈氏怀胎十月还要在田间坚持劳作，以至于最后只能在庙里把朱元璋生下来。这些事实远不如传说中的那样浪漫。

而后人则牵强附会地把这些尴尬的事情说得浪漫无比，而且带有强烈的神秘色彩，显然是为了使"龙颜大悦"。而这样的记载之所以能够堂而皇之地出现在明朝的正史上，显然也是经过皇帝的亲自审阅和批准的。

朱元璋运用自己的皇帝之位，集中央大权，如此鼓吹自己的不凡，无非是想以此制造一种舆论，使得自己的打天下、做皇帝变得名正言顺，以便摆脱掉逆天而行的忤逆之徒的名声。

不仅如此，朱元璋的神话除了"证明"自己是真龙天子之外，还有一个好处就是可以给那些居心叵测、跃跃欲试者一个警告：我朱元璋是什么人，是神人，是真龙天子，而你们不过是一介草夫，跟我斗，也不掂量一下自己有几斤几两，与神作对的人肯定是没有好下场的，所以我在这里奉劝你们不要轻举妄动，否则休要怪我"龙颜大怒"，到时弄个粉身碎骨，满门抄斩。

朱元璋一手制造了有关自己不凡出身的种种神话传说，使得人们对于他的身世有了新的理解。这种种传说与神话故事不仅有利于稳固朱家的江山社稷，更加有助于明朝的统治。那些家境贫寒、父母早亡、独自一人在外流浪的故事，对朱元璋是不利的，只能使朱元璋的威信全无，人们是不能容忍一个小叫花子当皇帝的，所以就应该避开那些不利的因素，把由此而引起的对自己的损害减小到最低的限度。朱元璋借助神的威严和旨意来达到自己的目的。作为封建时代的君主，这种做法无可厚非，可以说也只有这样，天下的百姓才会心安理得地俯首称臣。

由于朱元璋成功地借助了舆论，使得自己的出身一下子高贵了许多，人们在接受了这个传说的同时，也接受了朱元璋这个皇帝。

第二节　洪武元年

至正二十八年（1368年）正月，朱元璋在北伐进军的一片欢呼中，称帝建国，定国号为"大明"，建元洪武。

至正二十七年（1367年），朱元璋在铲除了陈友谅、张士诚的势力之后，乘胜追击，一举攻下了浙江、福建等地。同年十月，朱元璋又派遣汤和进攻割据浙东的方国珍，迫使他弃城投降。洪武元年（1368年）正月，朱元璋又马不停蹄地进军福州，地方军阀、元朝福建行省平章陈友定与其子共同被解送应天，后因不肯投降，被朱元璋一同斩首示众。四月，廖永忠率领大军南下进攻广东，大将杨璟进攻广西，最后，二人合围靖江，并生擒了元平章也儿吉尼。同年七月，两广地区尽为朱元璋所得，江南地区基本全都揽入朱元璋手中。统一大业在即，朱元璋此时的声名早已威震全国了。

在此之前，朱元璋按照儒士朱升提出的"高筑墙，广积粮，缓称王"的战略方针，卧薪尝胆，不断发展壮大自己的实力，扩大自己的势力范围，在经济、军事上屡有建树，不断获得新的成绩。尽管如此，他还本着"缓称王"的策略来考虑问题，分析天下局势，与宋政权的小明王韩林儿始终保持着形式上的君臣关系，以免树大招风，使自己成为众矢之的。

论起朱元璋的封职，从枢密院同佥到江南等处行中书省平章，再到左丞相及后来的吴国公等，皆来自小明王韩林儿册封。他也正是以此一步步地奠定起了自己雄厚的物质基础，具备了"称王"的条件。

当前线的捷报不断地传到应天城时，以李善长为首的群臣们劝请朱元璋登基的活动也相应达到了高潮。现在，条件日渐成熟，朱元璋也在考虑自己称帝了。

朱元璋曾经派兵去安丰救小明王，是因为小明王还有可利用的价值。不过现在，小明王已经没有任何用处了，留着他，反倒成了朱元璋的一个包袱。

为了能把小明王人不知鬼不觉地"拿"下，朱元璋还是颇费了些周折的。经过长时间思考，缜密安排，他派出手下大将廖永忠导演了一出"江中覆舟"的大戏。

从滁州到应天，必经长江，此时正是隆冬时节，寒风凛冽，浪涛汹涌，经常有人在这里翻船。朱元璋从平江前线调回了大将廖永忠，叫他去滁州把小明王接回应天，然后又私下嘱咐廖永忠："天有不测风云，人有旦夕祸福。长江风大浪大，弄不好就会出事。你要好好体会我的一番苦心啊。"廖永忠是聪明人，当然明白朱元璋的意图。第二天，廖永忠便带领一行人马来到滁州，护卫着韩林儿及其文武官员回师应天。他们在长江的瓜步渡口处过江。廖永忠望着滔滔的江水，下令船舱下的士兵开始凿船，结果，韩林儿等一行人连人带船一齐沉入江中，淹死了。

小明王一死，朱元璋了却了一桩大事，他终于可以名正言顺地登基做皇帝了。

从至正二十七年（1367年）起，朱元璋便不用龙凤年号了。他下令恢复中原传统，将百官礼仪皆由原来尚右改为尚左，因此李善长也由过去的右丞相改为了左丞相，徐达也由左丞相改为了右丞相，其他官秩也都做了相应的改动。他还以李善长为律令总裁官，参知政事杨宪、傅瓛、御史中丞刘基等人为议律官，制定法律。

朱元璋认为，天下大局已定，但称帝为时过早，他对李善长等人说："自古以来，帝王拥有天下，都是天命所归，人心所向，就是这样他还是礼让再三呢。这种大事不可仓促而行，如果真是天赐我皇权，我又何须张皇呢。"

李善长心里自然明白，古代帝王都是群臣再三劝进后才登基的。于是，李善长也并没有再上劝表。不过，虽然李善长嘴上不说，但是皇帝登基的准备工作并没有停止。在应天破土营建皇宫，他一面加紧督促，一面制定新的历法与政令。年底，新的历法和法律已经颁行实施，皇帝即位的朝服、后妃百官的朝贺礼服也都已定做完成，即位登基时的仪式经过反复演练，已经相当熟练。

东风已至，万事俱备。至正二十七年（1367年）十二月十一日，李善长带领文武百官再上劝表，他说："开基创业，既宏盛世之舆图。应天顺人，宜正大君之宝位。"

朱元璋故作自谦地说："我乃功德浅薄，还不足以担当造福天下万民的皇帝重任。"李善长率领群臣跪地叩头，朱元璋仍是不答应。

第二天，李善长率领百官再次劝进，他说："主上谦让的品德，上感神明，下感天下之百姓，名德早已传遍四方。愿主上为天下人着想，尽早登基称帝，救万民于水火之中，请主公答应群臣的请求吧。"说着又跪下来了，文武百官也一同跪了下来。

朱元璋无奈，只好答应下来："诸位爱卿，屡请不已，看来我只好勉从舆情了。但此事非同小可，切不可草率行事，望诸位斟酌仪礼而行啊。"群臣叩头谢恩领旨。

至正二十八年（1368年）正月初四，风和日丽，万里无云，一派吉庆祥和的景象。从南郊一直到新盖的宫殿，早已打扫得干干净净，大道两旁插满了旌旗，就等着皇帝的到来了。正午时分，朱元璋在文武大臣的簇拥下来到南郊城下，先行部队是由身材高大、健壮魁伟的士兵组成的仪仗队，甚是威风。

登基仪式正式开始，祭祀活动分为以下三个步骤：

第一个步骤，祭天神。礼仪官在祭坛上燔烧木柴，然后将玉和猪、牛、羊三种牲畜共同置于火上烧烤，迷漫于天空中的气味，让天神享用。

第二个步骤，宣读祭文。然后，朱元璋率领百官饮祭酒，吃祭肉，此为饮福、受胙的象征。最后，再把祭坛上的大火烧得更旺，此为送天神。

第三个步骤，祭地神。典礼司仪将玉帛埋于地下，然后由朱元璋带头，群臣紧跟其后跪在地上，拜敬地神。拜谢天地众神之后，朱元璋这才换上了绘有日、月、山、龙图案的衮服，头戴平顶冠冕，于祭坛的正南面，正式登基即位了。

接着，丞相李善长率领文武百官连呼万岁，向北跪拜行礼，这才结束了整个登基仪式。此时的朱元璋不禁遥想当年，儿时跟着一群小伙伴玩做皇帝游戏的情景了，如今梦想真的变成了现实。望着群臣的叩首拜贺，他感慨万千：想不到昔日的放牛娃，到处讨饭的穷和尚，竟然真的做了至高无上的皇上。唉，真是"王侯将相宁有种乎"啊。

典礼完毕后，朱元璋率领文武百官到太庙追尊四代祖先。朱元璋手捧玉宝（印玺）、玉册（追封册文），宣读追封高祖朱百六为德祖玄皇帝，妻胡氏为玄皇后；曾祖朱九四为懿祖恒皇帝，妻侯氏为恒皇后；祖父朱初一为熙祖裕皇帝，妻王氏为裕皇后；父朱五四为仁祖淳皇帝，妻陈氏为淳皇后。

最后，朱元璋回到新建成的奉天殿，正式接受百官的朝拜。李善长又代表皇帝册封马氏为皇后，长子朱标为太子。朱元璋宣布定都应天，国号改为大明，改元洪武。

经历了元末大动荡后，一个新的王朝建立起来了。这意味着一个新的光明的世界即将到来。

第三节　乱用武、治用文

朱元璋建立明朝以后，为了实现从"马上打天下"到"下马治天下"的转变，他开始重用文人。朱元璋拒绝武夫们做官治天下的要求，他说："世乱则用武，世治宜用文。"

明朝建立之初，朱元璋十分注重汲取各个历史朝代的治国成功之道。他常常把汉、唐时期治国良策借来一用。汉朝时期，他最为欣赏的就是陆贾所提出的"马上打天下，下马治天下"这条治国真理。

原淮西红巾军部队的一些武将认为大明的江山社稷是他们打下来的，理应由他们来充任各级官员，与皇帝分享天下，这本无可厚非。可是朱元璋想到这些人原本是小农或地主阶级出身，由于自身知识有限，往往会导致他们一旦事有所成，就会贪图安逸，躺在功劳簿上追求功名利禄。所以说只凭这些人是治理不好国家的，正如"马上打天下，下马治天下"的道理，如果两军相战，只有武夫才能抵挡得住，儒生将一无是用；而要说到朝廷内政的治理，武夫们就派不上用场了，这时就需要儒生来治理了。看来朱元璋还是相当精明的，他能透彻地分析出文臣武将作用的条件性、阶段性。

无论哪个朝代，治政之道都在于一个正确的治国方针、正确的指导方向。而这些方针、政策的提出又是来自哪里呢？方针和政策都是由人来制定的，所以说关键还是在于人才的选拔与管理。小到一个地区，大到一个民族，一批优秀杰出的人才，会使百姓安居乐业，国家强盛，经济发展，这对于明朝初期的朱元璋来说是非常重要的。当时，西域还未收复，蒙古还未统一，辽东也未归附，这都是亟须解决的问题，然而没有一个良好稳定的基础，又怎能实现这些目标呢？所以说，朱元璋已经清楚地认识到，当务之急就是要招揽人才，壮大自身实力。

朱元璋在吸收人才和重用人才方面，一直向汉高祖刘邦、唐太宗李世民学习。

首先，朱元璋对于那些前来投靠他的人才，从不求全责备，对他们采取用人不疑的方针，充分做到物尽其用，人尽其才，使他们的才能得以充分发挥。

早在攻下应天城之时，朱元璋就曾表示：如果将来可以建国称帝的话，一定要选取一些有真才实学的人来做官。朱元璋是这么说的，同时也是这么做的。他非常注重到处搜罗能人，挖掘人才，对于那些非常有才能的学者志士、民间俊杰，朱元璋常常是亲自下诏或者亲自登门拜访。比如，谋士刘基就是在朱元璋的三番五次的求见之下才出山的。朱元璋曾感慨地说："刘备不过三请诸葛亮，而我朱元璋竟然请了四次才得此贤才……"不过事实证明，朱元璋四请刘基并不是徒劳无益的。相反，要不是有刘基这样文武兼备的王佐之才，朱元璋是打不下大明的江山社稷的。

称吴王后，朱元璋也曾对侍臣们说过：现在元朝的江山已经让我打下了三分之二，如果能够得到一批能真正帮助我治理内政的贤能之士，辅佐本王治理天下，让我有充沛的精力整治朝政，大家群策群力，尽心做事，改革政治体制上的弊端，安抚百姓，稳固发展，重视生产，那我一定能够统一天下。

俗话说"国无仁贤，则国空虚"，朱元璋认为，不管是手下的败将，还是无名的小卒，只要是人才都一律重用。因此，他每打一仗，每攻一城，都要求将领们时时刻刻留意当地的名儒雅士，并且注意保护手下所俘的敌方将领。确有能力者，他非但不杀，而且还要为其开脱，加以任用。

在建立明王朝，登基称帝之后，朱元璋的这种渴望就更加强烈了。一次在总结历代政治得失时，朱元璋对大臣们说，记得尧、舜曾向四周的部落征寻人才，当他得到这些人才，重用之后，他的国家立即就兴盛强大了；而与之相反的是，殷纣王昏庸无能，不重用良臣比干、箕子和微子，反而把他们一个个弄得家破人亡，正是由于他失去了贤才的辅佐，才使得国家灭亡。再看周朝，由于周武王重用了周公、姜尚等人，使得周朝历经几百年都不衰。可见一个良才，一批贤才对于一个国家的重要性。

其次，为了更广泛地招揽人才，明朝建立以后，朱元璋曾恢复科举制度，开科取士，通过考试，从天下的读书人中选取优秀之才，授予官职，让他们为朝廷效力。对于那些散落在民间的名儒，朱元璋也非常重视。他认为，既然自己是天下人的君主，理当让天下所有的士子来扶持自己，为大明效力。

再次，朱元璋非常重视选贤任能。朱元璋治理国家，讲究精勤于政。然而这种勤政的极端表现在于对权力的支配，朱元璋特别崇尚这种权力的绝对性，也许担心别人管理不好国家，也许怕身边的大臣滥用职权，总之是不可轻易放权。然而，一个人的精力毕竟有限，对于管理一个国家而言，不可能事必躬亲。所以对于勤政的渴求自然地就转化为对于选贤任能的一种渴望。

朱元璋从元朝对文人的态度中吸取教训，重视选贤任能，鼓励儒生积极投靠。

同多数的开国君王一样，朱元璋非常注重总结前朝的失败教训，并常常以此为鉴来教育臣下和后代。朱元璋认为，元朝初期的政治还是相对开明的，尽管他们对汉人抱有歧视的心态，但并没有后期那样严重。虽然蒙古族的官员们对于汉人做官竭力反对，但忽必烈及后代几位君王看重汉人忠心为国，尽心辅佐皇帝，所以力排众议，坚持任用汉族的官员，使得元朝初期，汉、蒙两族能和平共处，还没有发展到互不相容的地步。由于对汉人中贤能之才的任用，元朝初期建设有了比较大的成效。可是到了后来，由于蒙古贵族内部争权夺利，结党营私，对汉人尤其是儒生们都表现出强烈排斥的心理和行为，因而这些儒生纷纷隐居起来。

朱元璋为了巩固统治地位，急需儒生志士的辅佐。可是由于受到元朝长期轻儒思想的影响，这些儒生都变得非常谨慎，淡泊名利也好，不愿为明朝出力也罢，总之，都不愿出来做官。对于急需人才的朱元璋来说，只得下了一道旨，逼迫那些终日隐居的儒士出来做官，圣旨的大概意思是：既然你不愿接受明朝的官职，那你就有谋反的嫌疑，就要被处死。可见朱元璋求贤若渴、招揽能人的急切心理已经到了何种程度。

朱元璋深深地明白，人才对于治理国家的重要性，所以他唯才是举，爱人惜才。

当初濠州起家时，朱元璋就曾遇到冯国用、冯国胜兄弟和李善长这样的能人，这使得他深知学问的重要性和宝贵之处。后来在他攻下太平、应天、婺州等地后，这些江南名城的贤才又使他受益匪浅。再后来，他将婺州改为金华府后，整日和一群儒界名流在中书省会餐，由两名儒士轮流讲解经书和历史，他们无疑就成了朱元璋的老师，当然，这也让他受益匪浅，而其中学得最多就是如何得天下圣贤之士及如何用人的学问。

江西乐平名士许瑗，曾在元末的两次科考中考取第一名举子。当朱元璋向他请教治国之策时，他奉劝朱元璋的第一句话便是："非延揽英雄，难以成功。"

中国的历代帝王在总结成功的经验时，都把重用人才放在首位。朱元璋在这一点上深受启发。

在中国古代，尤其是在列国争雄的形势下，一场军事斗争，无不牵扯到政治、经济、外交等政策的综合运用。因此，一项大的军事决策，往往需要发挥各个方面谋略人才的积极作用。官渡之战，曹操大破袁绍，就是采纳了群谋群策。而赤壁之战中，孙权和刘备之所以能够联合打赢曹操，就是因为有像孔明、鲁肃、周瑜等人的共同智谋，再加之庞统、黄盖等军事人才的智慧。

汉高祖刘邦曾经说过这样一段话："夫运筹策帷帐之中，决胜于千里之外，吾不如子房。镇国家，抚百姓，给馈饷，不绝粮道，吾不如萧何。连百万之军，战必胜，攻必取，吾不如韩信。此三者，皆人杰也，吾能用之，此吾所以取天下也。项羽有一范增而不能用，此其所以为我擒也。"由此可见，得士失士关系着一个国家的兴亡与更替，看来这绝不是耸人听闻的。

朱元璋也时时以刘邦为榜样，深懂"以史为镜可以知兴替"的道理。他曾以李善长为萧何，以徐达为韩信，以刘基为张良，将其喻为三杰。为了更好地阐述他对人才的渴望与渴求，朱元璋还打了一个比喻来说明人才的重要性：建立一个偌大的国家，其实就好比是盖一座房子，一根独木肯定是不行的，必须得有许多木材才能支撑得住。偌大的一个天下也不是一个人就能治理得过来的，必须任用大批贤人志士才能巩固发展起来。贤人不来，治国则必有缺陷。鸿鹄之所以能够远飞，正是由于它有坚硬的翅膀；蛟龙之所以能够腾跃，是因为它有鳞甲。做皇帝的也是一样，必须得有贤才义士的辅佐，才能取得很好的政绩。

不仅如此，自从儒生李善长等人加入其阵营后，朱元璋对儒家的思想产生了更深一层的理解。他对儒家思想重新做了审视，清楚地认识到：自从孔子的学说被汉朝承认后，儒家学说就成了封建专制统治者统治人民的工具，而且在这之后的各个朝代无不效法，并且还把孔孟之道提升到国家意志的高度，加以积极宣传和提倡。既然自己要得天下、坐天下，统治阶级的理论工具必然少不了，通过它可以使得天下的百姓都顺从自己。朱元璋为了表明自己这种尊重儒生的态度，经常入孔庙祭祖。

朱元璋对儒生的认识改变后，越来越注意对儒生的吸纳，积极地为自己的事业铺路。早在攻打应天之时，朱元璋就曾表明过这种尊儒的态度。攻下应天之后，朱元璋派人张贴告示，广招儒生，引得名儒夏煜、孙炎、杨宪等十几个儒生前来投靠，消息一经传出，在应天城引起了不小的震动。后来，随着秦从龙、宋濂、刘基、叶琛、章溢等人的到来，朱元璋还专门为他们盖了礼贤馆，让这些名儒住进去，并加以优待，以招揽天下更多儒生才子的投靠。

为了鼓励儒生的积极投靠，打消他们怕为红巾军所不容的顾虑，朱元璋采取了很多方法。

他亲自下了一道指令，指令的大概意思是，我会对你们以诚相待，并不会计较你们以前的过错而怪罪你们。指令一下，使得被元朝政治压抑已久的儒生们大为感动，纷纷来投。

朱元璋也效仿唐太宗的做法，对这些来投的人，通过考察他们的德行与能力，把他们安排到合适的位置。熟悉历史，能够出谋划策的人，便成为他的顾问，搬进礼贤馆，以便朱元璋随时向他们请教；擅长行政管理的，则派到各地去治理内政；对兵法深有研究，能够运筹帷幄，决胜千里的，统统授予将官之职，派他们统兵作战。总之是尽力做到人尽其才。

最后，朱元璋还大力推行举荐制度。在明朝建立之后，朝廷对于贤才的需求达到了一个高峰状态。随着各级官僚机构的设置和完善，需要任用大批的官员来治理天下。因此，怎样选择官员就成了明王朝的当务之急。于是朱元璋开始大规模地推行举荐制度。

洪武元年（1368年），徐达引兵占领山东后，命令所在各州郡官员必须访取贤才和闲居在家的旧官吏，并派人把他们的资料整理收集后送往应天，让朱元璋亲自过目，加以筛任。同年四月，朱元璋又派人到河南，命徐达征召儒士睢明义、秦彦洪、哈天民、钜鼎臣、程彦鲁、迈仲德、王克明、单有志、王仪等到京师应天，朱元璋亲自接见了他们，并授予官职，给予俸禄。

为了打消人们的疑虑，八月，朱元璋又下令说："凡是有才能的人，如果是因战乱而躲藏起来的，各地官吏必须加紧寻访，如实禀报。对这些儒士一定要讲究礼貌，不得无理，尽量把他们争取过来。对于那些身体不适的儒生、义士，各级官吏必须尊重他们个人的意见，加以重视。这些人的入仕一事，将由中书省具体办理。"

即使是在科举制实行后，朱元璋也从未放松过举荐制度的运用。洪武三年（1370年）二月，朱元璋还曾诏谕全国官民，对于那些隐居山林或是被压在社会底层的贤才能人，现在都应举荐过来。为了让各地的下级官员重视这个诏谕，他还在六月份专门下了一道圣谕，令各地的官员加紧寻访贤人雅士，不得有怠懒之心。

洪武十三年（1380年）发生了胡惟庸和郭桓一案，由于牵连甚广，致使几万人被杀。明朝的职位又出现了大量的空缺，朱元璋更是加紧了举荐制度的实行，往往第一封诏书刚刚到达，后一封诏书就又来了。为了尽快地补充各级官衙的官吏之需，朱元璋还特地命令各地进京的官员，每人必须举荐一人，而且可以跨级别、跨职务地推荐，只要是人才都可以接纳。如果形容他"求贤若渴"，可是一点也不过分。

朱元璋对这些被举荐的人才的条件放宽了许多，只要具备"聪明正直""贤良方正""孝悌力田""儒士""学廉""人才""秀才"等中的一条或两条，就有被举荐的可能。举荐的人一多，难免就会出现鱼龙混杂、泥沙俱下的现象。走后门的，托关系的，各种人才、人渣统统涌向了京师，随之问题也就跟着来了。这些人中，有些其实并没有什么真才实学，只是徒有虚名、装腔作势，一旦被送到了京师，难免就会露馅。

洪武十五年（1382年）八月，监察御史赵仁上书建议说："应该对那些举荐上来的秀才，先进行严格的考察，看看这个人究竟有没有真本领、真才学，然后再加以重用，授予官职也不迟啊，并且还应该对他们的政绩进行考核登记，优胜劣汰，对那些贪赃枉法的人，不但要撤掉其官职，还要将他们法办，只有这样才能保证举荐制度的纯洁性及有效性。"

朱元璋采纳了这项建议。他命令刑部尚书制定了一套行之有效的考试方法，要求凡是到京师的秀才，一律要委派有才识的文武大臣进行会考，会考共分为六科，六科均优者为上，三科以上者为中，三科以下者为下，其他为不堪，并根据考试的成绩，授予相应的官职。同时，规定保举人必须做到认真负责，选送京师的秀才，必须有真才实学。如果真有才干，保举人也会因此而得到提升，否则保举人也会因此受到牵连，被降职查办。此法在全国推广后，造假者大为减少。

由于举荐制度得到了很好的推广，大量的真贤实才被举荐到明朝的宫廷里做了高官。被举荐的人数，也逐年上升。可见明初的选用人才，不仅是多途并用、千方百计，而且科举与保举相结合，举荐与招聘有时亦与考试结合，其目的是保证获得德才兼备的人选。

由于朱元璋用人方针正确，方式也灵活多样，最后甚至出现了"以故山林岩穴、草茅穷居，无不获自达于上，由布衣而登大僚者不可胜数"的盛世景象。

第四节　废除丞相

自古以来，丞相是处于"一人之下，万人之上"的位置，具有独特的职能。自从秦朝以来，它就一直伴随着皇帝的存在而存在，而且在权力运用的过程中，君权与相权之间一直没有明确的划分。皇帝总是要试图控制丞相，以便使他不能威胁并损害皇权；而对于丞相来说，他是以辅佐君主治世为己任，并企图不断扩大自己的权力。所以说，双方的矛盾始终存在着，时而皇帝控制着丞相，时而丞相凌驾于皇帝之上。

自从丞相之职设置以来，就一直存在着君权与相权之争。朱元璋为了扩大皇权，废除了丞相。

朱元璋认为秦朝之所以灭亡，就是因为秦始皇设置的丞相制度导致的，要不是秦朝丞相赵高擅专威福，指鹿为马，挟制皇帝，秦朝也不会那么早灭亡。所以在经过十几年戎马生涯之后，朱元璋专权最重大的举措是废除宰相。

鉴于历代君王与宰相反复争权，皇帝从来都是以不同的形式压制、削割宰相的权力，而宰相又总是千方百计地跟皇上玩"老鼠斗猫"的游戏，朱元璋准备来个斩草除根，以绝后患。当然，这并非一时之兴起，这个过程的实行长达二十多年。

废相的第一步，改行省为"三司"。

洪武十年（1377年），他与太师韩国公李善长、曹国公李文忠共议军国政事，而把原来总揽国家政事的中书省和丞相撇在一边，甚至连参议的资格都没有，原来的中书省和丞相就已经没有了实权。经这一举措之后，可以说中书省和丞相实际上已经成了一个闲置机构和职位。这年七月，朱元璋又在自己身边安置了一个新的机构——通政使司。通政使司的工作范围就是上令下达，下情上达，这样做的目的就是越过中书省和宰相，直接由皇帝处理政事，大权独揽。

这一步的主要作用就是在政治地位上把中书省和丞相架空起来，使皇帝有了直接指挥全国各地行政机关的绝对权力。

废相的第二步，借"胡惟庸案"削夺丞相权力。

朱元璋设三司只是削弱相权的举措，而真正废相，是借处理"胡惟庸案"为契机削夺了丞相的权力。

胡惟庸，淮西定远人，曾为元朝官吏。至正十六年（1356年），朱元璋攻占和州时弃官归附，后被朱元璋授以元帅府奏差，历任宁国主簿及知县、吉安通判、湖广佥事等职。到了洪武初年，胡惟庸又先后任太常寺卿、中书省参知政事、右丞相和左丞相等诸多高职。

随着权势的不断扩张，胡惟庸开始专恣起来，所作所为常常与朱元璋强化皇帝独裁权力的意志相背离。在胡惟庸任相期间，凡生杀予夺之事，往往不奏明皇上，擅自行动。"内外诸司上封事，必先取阅。害己者辄匿不以闻，四方躁进之徒，及功臣、武夫、失职者争走其门，馈遗金帛名马玩好，不可胜数。"面对胡惟庸的结党营私、侵害皇权的行径，朱元璋绝对不能容忍。当相权与皇权相互威胁时，必然得有一方受到损害。所以诛杀胡惟庸，趁势废除丞相制度，彻底消除相权对皇权的威胁，便成了朱元璋唯一的选择。

洪武十年（1377年），朱元璋将追随自己多年的汪广洋调到中书省，以便钳制胡惟庸。不过汪广洋本是一庸才，以前就曾担任过丞相一职，这回再次担当重任后更是小心翼翼，一点也不敢得罪胡惟庸，反而使胡惟庸更加恣纵起来。

洪武十二年（1379年），御史中丞涂节为迎合朱元璋之意，多方罗织罪名，告发胡惟庸与御史大夫陈宁密谋造反。后来重臣刘基暴卒，朱元璋这才想起了刘基当初所说的胡惟庸可能是伤害自己的真凶。朱元璋本想利用汪广洋整倒胡惟庸，谁知汪广洋却缩头缩脑，顾左右而言他。

朱元璋一怒之下将汪广洋先贬谪海南，调离中书省；余怒未息，又下诏书，遣专使前往宣诏，赐死途中。

处置汪广洋，给胡惟庸的震动很大。胡惟庸本就有很多隐瞒朱元璋的独断行为，又有贪欲敛财的问题。朱元璋已经怀疑胡惟庸有异心，对他的不满也越加显然，时时对他公开加以斥责。所以当有人上告胡惟庸结党谋反之后，朱元璋立即下令审究。

洪武十三年（1380年），朱元璋亲自审讯胡惟庸案。最后以谋逆、私通蒙古和日本的罪名将胡惟庸和陈宁等人斩首示众，并灭其三族。另一大臣涂节因一齐参与预谋造反，现在见事不成，自首以图侥幸过关，结果也被一同斩首。

诛杀了胡惟庸等人之后，朱元璋立即撤销洪武初年依元朝旧制而设立的中书省，不再设置丞相，由皇帝自己管理政事，收揽了一切大权。

为了彻底清除胡惟庸党羽和确保废相后政令的有效实施，朱元璋在朝廷内外大肆地株连蔓引，追查依附胡惟庸的大小官员。一时间，朝廷中凡是有仇怨的人，便相互告发是胡惟庸的党羽，以达到整治对方的目的。胡党案前后持续了十几年，被诛杀三万余人。

朱元璋临死前留了一道遗嘱，其中有一项内容就是把废相定为不可动摇的祖法常规："以后嗣君不许设立丞相，臣下敢有奏请设立者，文武群臣即时劾奏，处以重刑。"所以，在明代，如果谁要想恢复丞相制度，谁就是想削弱皇权的奸贼，就是无视祖训的大逆不道者。朱元璋以死命令的方式杜绝了任何复辟相权的可能性。

秦汉以来沿行一千六百多年的丞相制度、隋唐以来沿袭七百多年的三省制度从此被废除。

废除宰相制，皇帝直统六部，使君权越发增重，皇权与相权的矛盾解决了，皇帝的权力达到无以复加的地步。可以说，朱元璋成了历史上最专权的帝王，因而也是权力最大的帝王。

第五节　内阁顾问

废除丞相的同时，朱元璋加强收揽皇权，把行政、财政、军政大权都抓到自己手中。

明朝建立后，朱元璋走马上任的第一个大动作就是改变原来的政治体制。他要建立一套高效的君主集权制度，要运用一种特殊的手段削弱臣下手中的权力。朱元璋首先从司法部门开始着手。

明代司法权被分割在许多机构中，如朝廷有刑部、都察院、大理寺，史称"三法司"。刑部受理刑案，都察院察劾，大理寺驳正，而军队中还有五军都督府断事官。军队内部的刑案都在五军内部审讯。各省提刑按察使司，可自行审理各省刑案。都察院各道监察御史和各道按察分司，参与各地案件审理。

不仅如此，朱元璋还创设了一个特殊机构——锦衣卫，具有特务、军事、监察和法司等多种职能和特性。它直属皇帝，凌驾于各部门之上。这只是朱元璋分权、集权计划的一小部分，真正大规模的行动还在后边。他要将地方、外朝、军队的大权全都揽到自己手中。

首先，对地方而言，他要实行架空削弱政策，收权于中央。鉴于元代的行中书省是从中书省分出去的，职权过于庞大，到了后期甚至超过了中央，使得元顺帝都无法控制了。而红巾军的起义，正是利用了各地长官拥兵自重、不服中央这一点，才使得全国各地逐渐形成军阀割据。作为元朝掘墓人之一的朱元璋十分清楚这种行政体制的弊端，决定削弱地方官的权力。

洪武九年（1376年），朱元璋下令废除行中书省。将行中书省改为承宣布政使司，置左右布政使各一人，掌一区的政令。布政使是朝廷派驻地方的代表、使臣，秉承朝廷旨意宣扬政令。将全国分为浙江、江西、福建、北平、广西、四川、山东、广东、河南、陕西、湖广、山西12个布政使司，然后又增设云南1个新的布政使司。布政使司的分区，大体上继承了元朝的行省，它的职权却只掌管民政、财政，与元朝比，轻重大不相同。此外，朝廷还把原属于行中书省的地方司法和监察权独立出来，单独设立提刑按察使司以掌之。又设都指挥使司，简称都司，专管地方军事，合称"三司"。

这一将地方最高职权一分为三的做法，实在是高明。朱元璋让三权彼此相互独立，可以独自行使职权，但是又互相制约，均不能凌驾于皇权之上。而朱元璋正是利用这一点，加强了皇帝对地方的控制力。

其次，在省的一级建置正式确立以后，朱元璋把省以下的地方行政机构也由元朝的路、府或州、县三级制，简化为府、州县二级制。这就大大加强了皇帝对地方政权的直接控制，简化了下达政令的层次，使得皇帝可以对地方进行垂直管理。最关键的还是使得影响皇权的相权彻底消失了，这对于至高无上的皇权来说，确实作用不小。丞相的职位虽然被废除了，但丞相的职事毕竟还得有人来做。皇帝一个人的精力有限，不可能事必躬亲，行使相权，所以就把相权转移到内阁、六部中去了。

皇权有两大体系，一个是官僚机构，一个是军队。朱元璋从一开始便采用文武分途的统治体制，文官统于中书省，武官统于大都督府，现在中书省的问题解决了，自然就该轮到大都督府了。

再次，朱元璋在收揽行政权力的同时，丝毫未曾忘记对军队的控制。作为行伍出身的皇帝，他深知军权在政治生活中的特殊意义。在改革中央政府机构的同时，朱元璋也对军事机构进行了大力的整顿，以适合君主专制体制的要求。

明代初期，中央除设有兵部外，还设有大都督府，其总长官为都督，权力最大，"节制中外诸军事"。当初，为了安全起见，朱元璋任命侄儿朱文正为大都督府的总都督。可是他看到自己的几个儿子均不如侄儿能干，他担心到时朱文正篡夺自己或儿子的帝位，所以他于洪武十三年（1380年）胡惟庸案发后，在废中书丞相的同时，下令废大都督府，并设中、左、右、前、后五军都督府，将原来大都督府权力分成五部分。全国军队由五军都督府分领。

五军都督府职责很简单，掌管军籍，训练统领军队，但是不能调动军队。军队的调动、军官的任免升调、军令的发布、军队的训练必须由兵部来系统安排与负责。可是反过来，兵部也不能统领军队，不能指挥军队作战。遇有战事，必须由皇帝下诏任命统军将领，兵部颁发调兵命令，都督长官奉命率部出征。而且战事一旦结束，总兵官将将印归还，军队再立即回到原来的地方。

卫所制是明代独特的军事制度。立国之初，如何编制和训练军队，是朱元璋关注的问题之一。他和刘基研究了历代兵制之后，创立了卫所兵制。这一制度可以避免征兵制战斗力较差的弱点，同时可以避免募兵制兵士容易叛逃和军费负担过重的缺陷。卫即卫指挥使司，所即千户所和百户所。明代卫所大都分布在边地和各省内，一般是一府设所，几府设卫。以5600人为一卫，1120人为千户所，以112人为百户所，每个百户所包括两个总旗，各约50人，每个总旗包括5个小旗，各约10人，形成了五军都督府都司、卫、千户所、百户所、总旗、小旗的从上到下的军事编制体系。

卫所军士来源有四个：一是从征，即早年跟随朱元璋起事的部队；二是归附，即招降的元朝军队和群雄的军队；三是谪发，即因犯罪被罚充军的，也叫恩军或长生军；四是垛集，即从民户中按人口比例征调的，这是卫所军的最大来源。军士是世袭的。军士携家带口，世居一卫所，远离家乡，子孙中一人世袭为军，代代相传，并以严格的户籍制度保证军民分籍，军籍掌管于五军都督府。明王朝利用这一制度，使卫所兵源得到了充分的保证。

朱元璋这一番煞费苦心的设计，使得军队分交多个机构进行管理，各机构间形成互相牵制，任何一个单独部门都不能直接使用军队。这就从根本上防止了个人、部门对军队的控制，使得军权集中于皇帝一人手中。

明朝军卫法实施以后，取得了很好的效果，使得大明朝始终没有发生武将拥兵叛乱之事。但是这也有其致命的缺点，那就是军队战斗力的下降，造成了兵不识将、将不练兵的事实，一旦打起仗来，卫所只能是一个空摆设。

通过这些措施，朱元璋已经把行政、军事、监察三权分别独立，系统分明，职权清楚，法令详密，组织严紧。这整套统治机构的设置，起到了互相钳制、监察的作用，而强大的特务组织锦衣卫又可镇压威制一切官民。结果是都督府管军不管民，六部管民不管军，武将平时不指挥军队，而动员复员之权属于兵部，户部负责供给粮秣，工部负责供给武器，而真正的大权决定者还是皇帝本人。

朱元璋并没有就此停下前进的脚步，他感觉自己制定的这一套集权制度还有一个明显的漏洞，那就是不受体制所约束的家里人——嫔妃与宦官们。于是，他进一步加强了对嫔妃和宦官们的控制。

历史表明，宦官和外戚问题可以说是君主政治上一个不得不重视的问题。东汉和唐朝时期的问题，皆是由他们而起。宦官在宫中必不可少，为了让他们奉公守法，朱元璋规定，凡是内臣都不许读书识字，又铸铁牌立在宫门，上面刻着："内臣不得干预政事，预者斩。"同时规定内臣不许兼外朝的文武官衔，做内廷官不能过四品，并且外朝各衙门不许和内监有公文往来。这样宦官们就没有一丝篡位揽权的机会。

对于后宫，朱元璋也同样立下了规章制度，要求皇后只能管宫中嫔妃的事，宫门之外的事不得干预。宫人不许和外间通信，违者处死，断绝外朝和内廷的来往以至通信，使之与政治体系形成一种全然隔离的状态。这使得那些外戚只能领取高爵厚禄，而绝没有机会听闻政事。所以在洪武一朝三十多年中，内臣小心守法，宫廷和外朝隔绝，杜绝了宦官当道、外戚揽权的可能。

大权独揽后的朱元璋日常处理的政务与日俱增。朱元璋在战争中摸爬滚打多年，使得他在废相初期还能够胜任这些繁重的政务。如洪武十七年（1384年）九月十四日到二十一日，他平均每天要看二百多份奏议，处理四百多件事情。但长此以往，谁也受不住，所以，他需要一大批贤才志士的辅佐。

洪武十五年（1382年），朱元璋设置华盖殿、文华殿、武英殿、文渊阁、东阁等殿阁大学士，并以一些品级较低的翰林院编修、检讨、讲读等官吏来充当。朱元璋仅仅让他们帮助自己阅读奏章，处理和起草文书而已，这样就可以避免这些殿阁大学士以此来获取行政权力了。

内阁之制是明朝的一种新制，这种体制，既不像以前权力极大的丞相制度，也不是毫无作为的傀儡。于是，朱元璋的子子孙孙再也受不到丞相权力的威胁了。

第六节　重典肃贪

朱元璋登基不久，就下令设专人每天五更在谯楼上吹号角，并高声唱道："为君难，为臣又难，难也难；创业难，守成又难，难也难；保家难，保身又难，难也难！"以此警告臣子谨身守法。

洪武一朝，可以说是中国封建王朝历史上，对贪污贿赂打击最激烈、杀戮贪官污吏最多的时期了。大业面前无私情，为了巩固权势，对于心腹之人，也要看紧才行。对于敢以身试法者，决不宽容。

朱元璋身边的许多大功臣，都是随同他打天下的人，出身贫苦者有之，富足之户也有之，但不论是前者还是后者，这些人都随着明朝的建立，得到了应有的土地和赏赐，逐渐升为新的权贵势力。其中有些人的贪欲又开始作祟了，同元朝末年的贪官污吏一样，又开始仗势欺压百姓，破坏王朝的法规法纪。

至正二十四年（1364年）朱元璋就曾告诫徐达、常遇春等人，让他们对自己的"家奴"严加管教，加以约束，切不可使家奴"恃势骄恣，逾越礼法"。"上梁不正下梁歪"，家奴有时不只是仗势欺人，更多的是受主子的支使，所以说，问题不在家奴，而是在主人身上。

徐达是性情恭谨、处事虑精之人，受到这种告诫，自然会收敛，可是其他功臣呢？至洪武三年（1370年），功臣获罪的情况颇多，罪名往往都是纵容童仆、倚势犯法、凌暴乡里。可以说，自从朱元璋告诫徐达约束家奴开始，就表示他有意无意地告诫功臣本人，只不过这种说法婉转些罢了。后来，鉴于功臣们恃功犯法的现象屡诫不止，情况日益严重，朱元璋特命工部造铁榜，铸上申诫条令，逐项规定处罚、处刑的法律，严重的还要处斩。可是效果并不理想，甚至出现了犯罪率上升的现象。

在立榜之后，凉国公蓝玉蓄义子、庄奴数千，强占东昌民田，百姓告状，御史审问，蓝玉以乱棍驱走，他又私买云南盐破坏盐法；江夏侯周德兴恃为太祖故人，营宅逾制，穷极奢华；营国公郭英恃功、私养恶奴、滥杀无辜；永嘉侯朱亮祖在岭南尤贪婪残暴，横行不法；德庆侯廖永忠僭用龙凤；颖国公傅友德食禄三千石，其他赏赐亦厚，仍不断乞请怀远田千亩……面对公侯们对铁榜条文的置之不理，朱元璋不得不加大对新权贵打击的力度，罢官揽权，斩杀功臣。

朱元璋之所以这样做，就是为了稳定自己的统治局面，抑制这种亡国致命的贪欲。凡是不利于自己权力的因素，他统统加以排斥，无论你是功臣旧勋，还是皇亲国戚，只要犯了法，都严惩不贷。

自己的亲侄儿朱文正因立有战功，官拜大都督。在镇守江西期间，贪声好色，骄侈荒淫，朱元璋先将他罢官免职，最后又大义灭亲，将其处死；而晋王同样也是如此，他将出土文物占为己有，大修别墅宫殿，大选美女以供玩乐，朱元璋同样也要治他的罪。

这里还有一个最典型的例子：

明初时，朱元璋在边境地区实行茶马贸易，主要是用内地茶叶换取边地马匹。为了保证这一贸易的正常进行，他曾下令兵部禁止私贩茶叶。可是私贩茶叶到边境的事情却屡禁不止，于是他又不得不重申禁令，要求四川、陕西等地的官府和卫所严禁私贩，违者重处。

即使是在这种情况下，还是有"勇夫"敢于顶风作案。他就是朱元璋的驸马爷欧阳伦。

欧阳伦派家人周保去边境贩茶，以牟取暴利。周保一行人马仗势欺人，所到之处，横行霸道。陕西布政使司官员惹不起这驸马家人，只得俯首听命，为他们征派民车几十余辆。在经过兰县河桥巡检司时，周保等人对巡检司官吏更是蛮横无理，稍有不顺，就是拳打脚踢，百般侮辱。小吏最后实在是忍无可忍了，这才愤而上告。

朱元璋得知此事后，勃然大怒。他先把周保等人斩首处死，然后叫来布政司官员兴师问罪，最后又毫不留情地把驸马爷欧阳伦一并赐死，而河桥巡检司小吏却因揭发有功，得到了嘉奖。

欧阳伦是安庆公主的丈夫，而安庆公主是马皇后的亲生女儿，也是朱元璋平日最宠爱的公主之一，所以说欧阳伦也应该算是朱元璋面前的红人了。可是，别看他做了十几年的驸马，因触犯了大明的律法，朱元璋同样将他处死。

称帝后，朱元璋非常重视对官吏的委任和考核，他曾多次强调不禁止官吏的贪暴，百姓就无法生存下去"这一弊端不革除，就不可能达到善政"。在庞大的官僚网的形成过程中，朱元璋决心吸取元朝吏治败坏以致亡国的历史教训，开始整顿吏治。

朱元璋整顿吏治表现在重视官吏的考核。

朱元璋对官吏的考核非常严格，他要经常性地评审臣下的才能是否与其所任官职相符，所做之事是否与其责任相符。事实证明，只有这样经常地审核官吏，才能使人尽其职，不虚其位。

洪武元年（1368年），明太祖朱元璋颁布了《大明令》。《大明令》里严格地制定了地方官员的考核制度。其中一条就是各地府、州、县官员三年任满，赴京接受考核。进京的官员要带有三年任职期间政绩的文册，以此作为考核官员的凭据。而之所以这样做，就是要看这些官员政绩优劣，是否称职。

洪武二十六年（1393年），朱元璋颁布了"考满"这种官吏的常规化制度考核。"考满"仿照古代官员的考核制度，规定中央及地方各级官员在九年的任职期间，必须每三年考核一次，第三年的考核叫作初考，第二个三年叫作再考，第九年叫作通考。具体到地方官员，府、州、县属官先经由本衙门正官初考，府、州、县正官由上级正官初考，然后层层上报核实，再送吏部考核。布政使司、按察司属官也先由本衙门正官初考，报吏部考核。布政使司和按察使司的正官和副职，要经都察院初考，吏部复考。各衙门根据官员任职期间的政绩皆编造文册，报送吏部，经过核实，拟定评语。评语的好坏与官员的升降直接挂钩。评语分为称职、平常、不称职三种。当然谁都想称职，可是这就要看你的政绩如何了。

"考满"制度的雏形源于元朝，当时是这样规定的：府同知一考无过失的，可升为知府；知县二考无过失的，升为知州；县丞一考无过失的，可升任知县。到了洪武二十六年（1393年），朱元璋把它改为府、州、县官三年考满，评语是平常和称职的，在相同品级内调用，而不称职的正官、副职则要降官，首领官要降为吏。

早在洪武五年（1372年），明太祖制定了六部职掌，以便控制在京的官员。而洪武二十六年（1393年）颁布的《诸司职掌》，则更详细规定了中央各部门的主要职责。规定中指出：京官四品以上九年任满，由太祖亲自决定升降，五品以下任满三年，由本衙门正官按称职、平常、不称职三等写出评语，经监察御史考核，再由吏部复考。

除"考满"制度外，朱元璋还对官员进行"考察"。"考察"制度共分为两种：京察和外察。京察所针对的对象是中央各机构和两京所在地的顺天府、应天府的各级官员，而外察针对的则是外地的官员。

政令刚开始颁布时，朱元璋规定地方官员每年需朝见天子一次，到了洪武十八年（1385年）又改为了三年一次。每次朝见完毕，都由吏部和都察院对官员进行考察，并将京察和外察的结果，报请皇帝批准公布。"考满"和"考察"这两项考核官员制度，虽说都出自朱元璋之手，都是用来控制、整顿官僚机构，保证国家机器正常运转的重要手段，但二者却有着明显的不同，"考满"多与升迁相关，而"考察"是以罢黜官员为主，两者相辅相成，构成了明朝重要的考核制度，是官僚管理制度的重要组成部分。

同时，需要指出的是，无论是考满，还是考察，朱元璋对官员考核的主要目的还是要看官员的办事能力。这与朱元璋求实的作风密不可分，他终生反对虚言浮夸，更厌恶有人欺瞒他。所以，他非常希望他的官员们都能尽心尽职，多有政绩。这也是他对社会治理、王朝稳固的一种强烈期盼。

朱元璋整顿吏治还表现在惩治贪官。

经过元末多年战乱，朱元璋急于安定社会秩序，他尤其注重官员安抚百姓所起到的作用。在《大明令·吏令》中，他规定以户口增、田野辟作为各地府、州、县官的重要职责。地方官员来京朝见，他曾告诫他们："天下初定，百姓乏力，就像小鸟初飞，树苗初栽，不要拔去鸟的羽毛，撼动树的根苗。廉洁能够约己爱民，贪赃必会害民肥己，你们要引以为戒。"

朱元璋治贪的手法也并非一味地"惩"，而是奖惩并用。他对为政清廉、安抚百姓的官吏，经常表扬和越级提拔。清介自持、忠勤不贪的官员，多有旌表，晋级提升，以树立典型。

在这种大力倡导下，明朝之初确实出现过一些洁己爱民的优秀官员：如宁国知府陈灌，他曾在地方设立学堂，聘用教师；访民疾苦，禁止豪强兼并；伐石筑堤，保民田亩；用刑宽恤，安抚百姓。

济宁知府方克勤，在任的三年间，积极开垦荒地，兴办学堂，最终使得一方富足，户口增长数倍。而他自己则衣着布袍，每天只吃一次肉，十年如一日，清廉之极。

担任新化县丞的周舟，因廉洁勤政有功，后升为吏部主事，可是在百姓的强烈请求下，朱元璋又把他放回，继续治理地方。

陶后仲在福建任按察使时，治赃吏数十人，尽除宿弊，抚恤军民，朱元璋下令表彰他。

又如某官向河南按察司佥事王平行贿，王平将他抓起来送审。朱元璋得知后，嘉奖了王平，提拔他任都察院左佥都御史。

对于善始善终的循吏清官，朱元璋都给予厚赏，并为他们修建府第；他们寿终时，朱元璋还亲自写祭文，以彰其德；并将廉吏、清官的事迹列入《彰善榜》和《圣政记》之中。

正因为朱元璋倡廉惩贪，明朝初期涌现出了一批像陶安、陶后仲、郑士元、方克勤那样的清官，使得明初的政治清明，一度深得民众的拥护。

如此看来，受到百姓爱戴的清廉自律的官员在当时有不少。但是，在国家草创之下，也并非一贯如此，在朝的许多官吏中，仍有人恶习不改，贪赃害民，为非作歹，最终激起了百姓的反抗。朱元璋当然不会对这种行为置之不理，他毫不留情地对其严厉惩处。

据史书记载，明代考察的制度里有八项最为重要：贪、酷、浮躁、不及、老、病、罢、不谨，而这八项是在太祖身后约一个世纪的时间里才逐步建立完善起来的。朱元璋在世的时候，主要以贪和酷这两条来整顿吏治，重点惩治那些狂妄之徒。

在倡导清廉、树立典型的同时，朱元璋采取严厉的法令惩罚贪官。

洪武二年（1369年），朱元璋又下政令："今法令森严，凡遇官吏贪污蠹害百姓，重判，绝不宽恕。"政令一下，对平日较为廉洁的官吏犯有别的过失时，他有时还宽恕，而对贪酷之徒，朱元璋绝不手软，即使其贪污受贿的数额不大，也绝不轻易放过。

朱元璋惩治官吏贪酷的办法多种多样，罢官只是其中的一种手段而已，严刑峻法的制裁才真正令人心惊胆战。前面已经说过，朱元璋的军旅正在缺粮之时，他曾禁止酿酒。大将胡大海之子违犯了禁令，他完全不顾胡大海正在前方浴血奋战，冒着将领临敌背叛的危险，也要严格执法，竟手刃了胡大海之子。可以说，正是因为他的执法严明，才使得他成功翦灭各路群雄，而最终走向了皇帝的宝座。朱元璋抱定治理乱世，要用重刑的主旨，决心整顿吏治、肃清贪污。官吏贪污60两银子以上的枭首示众，并处以剥皮之刑。当时的府、州、县衙门左边的土地庙，就是剥皮的刑场，所以老百姓又称土地庙为皮场庙。在官府大堂公座旁，摆着填满稻草的人皮囊，这使在任官吏时时刻刻心惊胆战，威慑他们不敢贪污祸害百姓。一时朝廷内外官吏无不奉公畏法。大明刑法之酷烈，在中国的古代王朝中并不多见。

朱元璋对贪官污吏惩处严厉可从《大明律》中得到一些线索，《大明律》中规定："受财枉法者，一贯以下杖七十，每五贯加一等，至八十贯绞；受财不枉法者，一贯以下杖六十，每五贯加一等，至一百二十贯杖一百，流三千里；监守自盗仓库钱、粮、物，不分首从，并赃论罪，在右小臂上刺盗官钱（粮、物）三个字，一贯以下杖八十，至四十贯斩。"朱元璋对监察官员贪污受赃的处刑更重：凡风宪官吏受财及于所按治去处求索、借贷人财物，若买卖多取价利，乃受馈送之类，各加其余官吏罪二等；同时还规定："官吏宿娼，罪亚杀人一等，虽遇赦，终身弗叙。"

明初刑罚的残酷程度，超过了以往的任何朝代。《唐律》已废止了古代墨、劓、剕、宫、大辟五刑，而代之以笞、杖、徒、流、死（斩、绞）五刑。《大明律》除规定以上后五种刑罚外，还动用了残酷的凌迟、黥刺、挑膝盖、剁指、刖足、剕、劓、阉割、锡蛇游、刷洗、枭令、称竿、抽肠、剥皮等酷刑，并经常使用连坐族诛之刑，株连三族、九族。由于惩处过于严酷,朱元璋又创造了一个"奇迹"。那就是从洪武元年(1368年)至洪武十九年(1386年),竟然没有一位官员做到任期期满的,往往未及终考就遭到贬黜或被杀头。由于斩杀或罢免的官员太多,以至有些地方的衙门出现无人办公的现象。最后,朱元璋又不得不实行另一种叫作"戴死罪、徒流还职"的制度,让这些判刑后的犯罪官吏,戴着镣铐回到公堂继续办公,将功补过。

而在另一部法典《大诰》中,他还规定:凡各级官吏违背朝廷令旨,科敛扰民,或者互相勾结,包揽词讼,教唆害民的,百姓可以连名到京师状奏,带着《大诰》进京。文中特别提到,百姓甚至可把损人利己的官吏绑缚京师。各地官府不得阻拦进京面奏的百姓,胆敢有阻拦者,无论是官是民统统都要被族诛。这一规定的出台,使得朱元璋成功地借助了民间的力量来惩治那些不法官吏,迫使官吏从善治国。允许百姓告官,无疑使百姓成为保持官员廉洁的最强制约力,这在中国的历史上实属罕见。

但是,即使是这样的严刑酷法,仍然有人敢顶风作案。最具代表性的是洪武年间发生的两桩大案。

空印案是发生在洪武八年(1375年)。由于当时明朝政府规定,各布政使司、府、州、县每年都要派官吏到户部报告地方财政收支账目,经户部审核,数字完全相符,才准许报销结账。如有不符,表册就要驳回,重新造册。但是这里有一个非常现实的问题,全国各地的布政使司和府、州、县距离京师远近不一,三四千里有之,六七千里以外的也有之,因此有时就会出现重新造册时,加盖原衙门印信需要很长时间的现象。有些官员为了避免麻烦,省去往返在路上的时间,就把表册事先盖上官印,以便遇到户部挑出差错,驳回文册时，就可随时填用。

洪武八年（1375年），朱元璋偶然得知此事后，他怀疑这里面肯定有人钻了空子，企图用此种手段来作弊、欺瞒自己。于是龙颜大怒，一气之下把户部尚书、各地衙门掌印官全部处死，副职以下官杖刑一百，发配地方。在这桩大案中牵连被杀、被戍的官员总数数千，以至多少无辜的人不是流离失所，就是成了孤魂野鬼。

郭桓案发生在洪武十八年（1385年）。郭桓是户部侍郎，由于御史余敏、丁廷举告发北平布政使司李彧、按察使司赵全德等人，勾结户部侍郎郭桓等营私舞弊，侵盗官粮。朱元璋紧急下令追查此事。

经过一番审讯之后，案情有了重大的突破，查明郭桓等人在收受浙西秋粮时，确实有190万石米卖掉，但所卖得的银两并没有上交国库。郭桓接受了浙西等四府贿赂的50万贯钞。同时，串通承运库官范朝宗偷盗金银，勾结广惠库官张裕擅自支取600万贯钞。除去盗取库中宝钞、金银以外，盗卖库存和未入库的税粮，以及鱼盐各种税收，共折2400多万石。贪污数额如此之大，罪行如此之严重，牵连官员又是如此众多，朱元璋又要大开杀戒了。

朱元璋先下令把有牵连的礼部尚书赵瑁、刑部尚书王惠迪、兵部侍郎王志、工部侍郎麦至德等全部斩首，并把六部左右侍郎以下全部处死，追缴赃粮700万石。案件供词中所提到的各布政使司官吏，也均被处死。这次株连被杀的人数又达到了万人之多。

这桩严重的大案，株连之广，令朱元璋气愤难平，惩治贪官污吏的制度已经实行十几年了，可眼前还在发生如此之大的案件，实在令人心寒。他曾感叹官员"任用既久，俱系奸贪"，更曾对"我欲除尽贪赃官吏，奈何朝杀而暮犯"的状况大惑不解。一时怒起，于是下令："今后犯有贪赃罪的，不分轻重全部杀尽。"

尽管朱元璋在惩治贪官污吏上，存在着严重的偏差，但是，确实也收到了较大的成效。经过长期的严酷斗争，一大批腐败的官员遭到惩处和打击，官场风气逐渐发生变化，明初吏治日趋清明，起到了整肃一代的作用。

朱元璋积极地实行严刑峻法，起到了令朝廷内外官员重足屏息的作用，在重法治贪的措施下，明初的吏治大为好转，巩固了刚刚建立的政权。但是，由于贪污腐败是封建专制的顽疾，朱元璋的措施也只能起到"治标不治本"的作用了。

通过神话自己、重用人才、废除丞相、设置内阁、重典肃贪等措施，朱元璋顺利地把政权独揽在自己手中。

第六章

兔死狗烹

第一节　设置特务机构

大将华高、胡大海之妻虔诚信佛，常常去一些寺院礼佛敬神，曾与外籍僧人有过往来，向他们学习西天教法。锦衣卫把这个情况报上去，朱元璋勃然大怒，将两家的妇女和僧人一起投入水中溺死。

从这个事件中我们可以看出，明朝时，朱元璋用特务的手段控制大臣，达到了无孔不入的地步。

随着和平时代的到来，马上夺天下的历史任务已经基本完成，马下治天下的日子已经开始。但是跟随朱元璋打仗多年的一些淮西将领普遍滋生出一种居功自傲的态度。为了控制功臣，朱元璋运用了特务监控的手段。

朱元璋并不想与自己的大臣作对，他常常从和平共处的角度出发，尽量和他们保持一种和善的君臣关系。在明朝建立的初期，朱元璋常常念及这些追随自己多年的旧臣曾在战争中立下汗马功劳，把他们一个个封官晋爵，享受富贵荣华。

朱元璋还用一种既简单又有效的维护统治的传统方式，那便是与老臣们在政治上联姻，以姻缘关系来笼络政治势力、巩固统治。

朱元璋的儿女很多，为了能够拉拢这些出生入死的将领，他很自然地用到了联姻这一招。他把那些大将的女儿许配给自己的儿子，又把自己的女儿嫁给那些将领的儿子。通过这样一个庞大的姻亲网，这些将领和自己结成了政治同盟。而对于那些战功赫赫的将领来说，能够与皇帝攀上亲戚自然也是好事，开国的元勋摇身一变又成了皇亲国戚，心里怎能不美。在浑然不觉中，这大大维护了朱元璋的统治。

如果仅仅是这样，大明朝也就该风平浪静了。可是偏偏出现了一些事，不得不让朱元璋改变自己以往的看法。

朱元璋在江南称吴王的时候，就曾发生过大将平章邵荣与参政赵继祖、元帅宋国兴谋反的事，虽然后来宋国兴害怕事情败露而自首，使得朱元璋从这场阴谋中侥幸逃脱出来，但是他由此对这些将领产生了戒心。当初，邵荣、赵继祖都是跟随自己渡江的淮西老臣，在自己最危难的时刻前来投奔，竟说反就反了，叫朱元璋难以接受。虽说邵荣、赵继祖的谋反事出有因，但是毕竟人心隔肚皮，谁也不知道谁到底在想些什么。战争期间，大将经常手握重兵，且离自己很远，不易控制。现在不一样了，这些人都在自己身边，说不定哪一天又反了。朱元璋每想到这些就后背直冒冷汗，真是叫人防不胜防啊。

朱元璋越是对臣下和民众不放心，就越是想知道他们的动向。于是，在他的控制下形成了一个庞大的情报网。其实这个情报网的雏形在与陈友谅争战时期就已经有了，当时的朱元璋就曾派自己的卫士去搞侦察活动，现在又要用这一招来对付自己的人了。

在获取情报的途径上，有时朱元璋甚至亲自出马。其中一种重要的手段就是事先不打招呼，进行突击检查。为了显示自己的高明，同时也为了告诫大臣一定要对他忠心耿耿、说老实话，朱元璋有时候特意向臣僚们提出一些质询，看他们究竟是否做到了实话实说，如果能直言无隐，便当面褒奖，如果是撒谎的话，则会面临种种不测。

曾经有一个弘文馆老学士，姓罗，名复仁，为人一向质朴节俭。

朱元璋见到他常常开玩笑地叫他"老实罗",从不直呼其名。多疑的朱元璋就是连这样一个老实巴交的人也不放过。有一天,他突然造访罗家。罗学士家住在城外的一条小巷子里,两间茅草房破旧不堪。当朱元璋走进屋子里时,罗复仁还正在梯子上粉刷墙壁呢。朱元璋这才相信原来自己身边的大臣还真有这么清贫的,随即奖励罗复仁一套大宅邸。

还有一次,他杀了徐达的妻子张氏,徐达因忧惧而一病不起。朱元璋听说徐达不上早朝,是因为病倒了,他对此产生了怀疑,是不是这徐达在搞什么阴谋?他想看个究竟,又担心别人的探察可能会愚弄欺骗,因此决定微服简从亲自走一遭。他来到徐府后,不准家丁通报,并让家丁领路,直奔徐达卧室。面对皇上的突然驾到,实在出乎徐达的意料。徐达见到皇上后,立即慌慌张张地从病床上起来准备下跪行大礼。朱元璋见徐达确实病得不轻,这才打消了心中的疑惑。

仅仅靠自己一个人收集情报是远远不够的,朱元璋还动用了大量的常规方法和秘密手段。

监察机关原来是御史台,洪武十五年(1382年)改为都察院,长官是左右都御史,下有监察御史百十人,分掌十二道。其职权就是纠劾百司,辨明冤情,凡大臣奸邪,小人构党,作威乱政,百官贪污舞弊,学术不正和变乱祖宗制度的,都可随时举发弹劾。而都察院的官吏们无疑就成了皇上的耳目,该不该听的,该不该看的,统统收集整理,只要是对皇权不利的,就随时向皇帝报告。皇帝把他们看作是自己的鹰犬,帮助皇帝监视一切不忠的官民。监察御史可以说是最威风的一个差使了,监视各个不同的官僚机构,派到地方的有巡按、提督学校、巡监、茶马、监军等职务,大事奏裁,小事立断。

　　都察院不仅仅针对官吏，对老百姓也同等重要。明朝建立后，朱元璋制定了路引制度，相当于现在的护照，有了它，老百姓就可以到处走到处转；而没有它，老百姓就只能被圈在出生地动不了。要钳制百姓，仅仅这样是不够的，还要靠里甲制度。洪武十九年（1386年），朱元璋要百姓互相"知丁"，也就是监视。一人犯法，邻里连坐；出差在外，旅馆检查。

　　路引和里甲制度，使得每个人都得接受官府的调查、监视、密访。与此同时，一个庞大的特务机构正在建立。这个机构就是锦衣卫，它负责侦察和刑讯工作。

　　特务组织无孔不入，对官员和百姓起到了极大的牵制作用，令人感到窒息。文官武将的所作所为，都逃不过他们的鹰眼犬鼻，对京城一些大臣的监视程度，甚至细微到了他们的家庭琐事。

　　有一次，学士宋濂上朝，朱元璋问他在家喝酒没有，客人是谁，吃的什么菜。宋濂照实说了，朱元璋才满意地说："对，你没有欺骗朕。"说毕，拿出一张锦衣卫在监视中绘制的宴席座次图给宋濂看，结果把宋濂吓出了一身冷汗。

　　浙江绍兴70余岁的老儒生钱宰被征到京城编书。由于年老力衰，长期精神疲倦，一天突然感慨道："四鼓咚咚起着衣，午门朝见尚嫌迟。何时得遂田园乐，睡到人间饭熟时。"第二天，文华殿赐宴，朱元璋对钱宰说："昨天作的好诗。可是，朕何尝嫌你，'嫌'字何不换成'忧'字呢？"钱宰吓黄了脸，忙跪下谢罪。

　　在一般人心目中，僧道、方士是已经忘却俗尘，万物皆空的人，是绝不可能干特务这一肮脏勾当的，朱元璋恰好利用了人们这种心理定式，利用僧道、方士的有利身份，以图达到刺探情报而又使人难以察觉的目的。

山西按察副使张孟兼与朱元璋派去的钟山僧人吴印共事,张孟兼一不小心顶撞了吴印,朱元璋为此大怒,他认为顶撞了吴印就是顶撞了他,不尊敬他。所以朱元璋将张孟兼活活打死了。

朱元璋还建立了"奴军"。"奴军"别名"铁册军",按公侯等级赐予十多人至百十人不等,名义上是服侍、护卫各个公侯将领的,实际上就是监视这些长期不在皇帝身边的大臣。大臣的一举一动,随时随地向他报告。如此多种的特务勾当应该让朱元璋放心了吧?不,仅仅这些还不够,他还要调动一切因素,来帮他收集情报、监视臣下。

在战争中,为了彼此提防,广布耳目,朱元璋收了许多义子。这些为他出生入死的义子现在又可以为养父效力了。朱元璋把他们派到全国各地与那些将领同坐江山,并且随时把各将领的情况报告给他。

朱元璋儿时的朋友汤和应该是他的亲信了。汤和在守常州的时候,曾为一点儿小事向朱元璋请示。可是话不投机半句多,他的请示被朱元璋无情地驳回了,回到家里,汤和闷闷不乐,借酒消愁。酒醉后的他说道:"我汤某镇守在这里,就像坐在自家屋脊上,想往东倒就往东倒,想往西倒就往西倒,你能奈我何!"这酒后的胡言竟也被义子们报到了朱元璋那里。俗话讲"酒后吐真言",可是朱元璋当时急需用人,再说汤和也没把他怎么样,所以朱元璋并没有治他的罪,不过经此一事,朱元璋开始对汤和另眼相看了。

朱元璋还曾想到了"鹬蚌相争,渔翁得利"的一招。他在朝中众臣中物色耳目,让他们互相监视,以便于自己的控制。

杨宪是在朱元璋攻克南京时投奔而来的,朱元璋见他聪明机智,就让他做监视将帅的"检校"。杨宪后来与张昶结为好友，经常在一起谈诗论画。而张昶是元朝的户部尚书，后来投降朱元璋，现任参政一职。由于张昶博学多识，能力过人，经常使杨宪醋意大发，后来杨宪竟悄悄地派人跟踪他。有一次，张昶向杨宪倾诉道："我如能回到元朝的天下，仍不失富贵。"又说："我是元朝的旧臣，虽说人是留在这里，可是我实在思念我的故乡亲人啊。"这些话不久便传到了朱元璋的耳朵里，最后张昶被"扣了一顶帽子"杀了。

通过强有力的监控手段，朱元璋基本上控制了功勋大臣们的言行举止。当朝中大臣们得知自己身边竟有如此之多的皇上耳目，没有一个不心惊胆战，如履薄冰的。

第二节 杀、杀、杀

一天，朱元璋把太子朱标叫来，指着地上一条长满刺的荆棘，叫朱标捡起来。朱标看着长满刺的荆棘，不知该从何下手。朱元璋说："这根荆条有刺，你不能拿，我削光了再给你，难道不好吗？"

朱元璋用这个比喻，说出了自己实行残酷的高压政策，不仅是为了维护自己的统治，也是为了他的继承者将来能稳坐皇帝的宝座。

明朝建立后，一批跟随朱元璋打天下的起义将领成为公卿将相。这些权力暴发户一旦手握权柄，就权欲膨胀，希望无限的自由和绝对的特权。朱元璋大杀功臣，确实残忍，但如果不这样，大局就很难控制在他手中了。

朱元璋在建都以后非常注重对权力的把握，他煞费苦心地设计了一套制度，就是将军队分交多个机构进行管理，各机构间互相牵制，任何部门都不能单独使用军队。这样便从制度上防止了个人、部门对军队的控制，使军权集中于皇帝一人手上。然后便废"三司"、废除丞相制度等，仅仅这些他还嫌不够，他还要把身边这些大臣手中的权力重新夺回来。

环境变了，形势也要相应改变，统治者的治国宁人的政策也要发生变化了。那些曾经追随朱元璋打天下的开国功臣仅有几个得以善终。

开国大将汤和无疑是比较识时务的，他知道权力本应该是属于皇帝，虽然由于战争的原因，这些权力被分散到他们各个将领手中，但是战争一旦结束，就应该解甲归田，把这些权力再还回皇帝的手中。所以当汤和向朱元璋提出辞呈时，朱元璋显得很高兴，给汤和盖了一座大府院，还给他很多的赏赐作为慰劳。

这里，朱元璋似乎是给大臣们传达了一个信息，只要你们能快快把手中的权力交出来，就可以得到相应的回报。朱元璋这时还比较有人情味，对于这些开国功臣还可以给一些恩赐，免得被天下人笑话，说他只能共患难，不能共富贵，做人没有气量。

然而，并不是所有的大臣都明白这个道理，他们出于种种原因，不仅不愿交出手中的权力，反而还想得到更多更大的权力，他们往往这样想：自己辛辛苦苦打下的江山，理应享得这份荣华富贵，现在你朱元璋做了皇帝，就不想要我们了，我们可不吃卸磨杀驴、过河拆桥这一套。其中有些人慢慢地开始作威作福、欺行霸市。这些人的一系列举动令朱元璋极为不满，这不又成了元朝政府的那种昏庸无道了吗？因此，当朱元璋发现大臣们对自己的"仁慈"置之不理的时候，便硬下心肠，开始对大臣们实行清洗。

李善长乃开国第一功臣，曾被朱元璋比作萧何。这个老资格的谋臣兼后方调度总管，城府深，德高望重，绝无反叛之心。但是朱元璋嫌他与淮西武人集团有着太深的关系。李善长以文人长者和军师身份活动于朱元璋的大军之中，且善于协调诸将，这让朱元璋感到担心。况且他是开国勋臣之首，地位甚至在大将徐达、常遇春之上，这样一个危险的人物，自己怎么能够容忍他呢？考虑到他潜在的势力与威胁，朱元璋决定一点一点地削弱他的势力，免得打草惊蛇，坏了自己的"大事"。于是，他先罢了李善长的相位，在安抚和震慑的交相作用下，只是给他一个空有其名的虚位，然后让他打理一些琐碎低级之事。李善长因此而抑郁怨愤，他也明白朱元璋这样做的用意，所以办事尽量做到小心谨慎，可最终，还是被朱元璋抓到了把柄给杀掉了。

　　朱元璋对功臣并非一味狂杀，而是讲究有步骤、有顺序地进行。一个个被推上断头台，但台上、台下的人都不敢也无力对抗，只能等死。明朝开国时，朱元璋实行文武并贵的策略，甚至文人做大官的更多，这是因为草创制度更依赖文臣。武将们自然不满。但不久，他们发现，皇帝的政策暗中做了调整，变成了佑武轻文。每当处理大狱时，皇帝总是性情狂暴。但这个时候，他又表现出少有的冷静。总是步骤清晰，层次分明，能断能忍。武将们发现在胡惟庸一案中，凡是牵涉中书省及各部院衙门的，都被他一概杀戮，而凡是涉及武将谋反的，他不管信与不信，却一概宽宥了。很快地，攀咬武人的口供越来越少了，武将们紧张的情绪渐渐平定下来。朱元璋此时要解决的首要问题是中书省和中书丞相的问题。其间的一切布置都紧紧围绕这个中心。

　　当中书省和中书丞相的问题解决后，武将就被放在案板上了。武将因掌握兵权，更受疑忌，不是不杀，而是时辰未到。朱元璋就是凭着权变的手腕统御部下的，打击了敌人，保全了自己。

中书左丞相胡惟庸一案，受株连而被杀的达三万多人，甚至连李善长全家也被杀害。又如洪武二十六年（1393年）二月，大将军蓝玉因为功大自傲被杀，不仅被抄斩三族，而且株连15000人被害，最后军中的骁勇将领差不多被杀干净了。

谋士刘基是辅佐朱元璋成就大业的重要人物之一，有不赏之功。明朝建立后，他为了不受人猜忌，远权避谤。但在朱元璋眼里，刘基是一个神秘人物。他既然能以这种神妙的术数辅佐我朱元璋，那为什么不可以为自己着想呢？俗话说"人不为己，天诛地灭"，还是灭之以绝后患吧！

当时年过花甲的刘基老态龙钟，疾病缠身，与刘基有过节的宰相胡惟庸假意前去探望，朱元璋知道后，就命胡惟庸携御医前去治疗。可是当刘基吃了御医的药后，顿时觉得腹中不适，心下疑惑，后来他把这个情况告诉了朱元璋，说："自从上回经过胡丞相的御医治疗后，臣如今肚内乃有一块硬结，我隐然感觉身体有些问题，掂量着不好。"意思无非是说胡惟庸可能在药里下了毒，请皇上明察，可是朱元璋却并不理会，一副心不在焉的样子。三个月后，刘基的病还没有好，朱元璋这才派人前去探问，后来听到回报说刘基没有好转的迹象，于是修书一封，叫他回家养病。结果，刘基于洪武八年（1375年）三月抵家，四月十六日因慢性中毒而死，享年65岁。

再说徐达，他是武将中功勋最高、声名最为显赫的一位人物。曾是朱元璋儿时一起割草放牛的小伙伴，年龄比朱元璋小4岁，一直是他的弟兄和心腹。徐达为人庄重沉稳，凡有大事必和朱元璋商量，立下大功而从不敢骄横。朱元璋曾称他"昭明乎日月，惟大将军一人而已"。

明朝建国后，徐达在朝中一向谨慎小心行事。但是他的妻子张氏却桀骜不驯，一日在诰命夫人宴上，顶撞了马皇后，后来被朱元璋知道了，他觉得像徐达这种人物更具危险性。为了将其震慑住，第二天晚上朱元璋专门安排了一桌酒宴，招待群臣。酒席间，朱元璋持杯来到徐达面前，说道："牝鸡司晨，家之不祥。现在卿家可以免除赤族之祸了。朕特来向你祝贺。"徐达丈二和尚摸不着头脑，可是还是赶紧跪下喝了朱元璋手中的酒。宴会结束后，他回到家中一看，张氏已被朱元璋派来的武士杀死了。徐达并没有因为这件事跟朱元璋闹翻，而是忍气吞声默默地承受了下来。可是朱元璋心想，这回徐达肯定把他恨透了，"是可忍，孰不可忍"，徐达连杀妻这种事都能忍得，肯定是有什么不可告人的目的。

洪武十七年（1384年），徐达生大病，后背长了一个大疮，到了第二年开始慢慢有了好转的迹象。朱元璋表面上很高兴，实际上则是怀恨在心。一天，他把御医叫来，问道："像魏国公这种病最忌什么口？"御医实话实说："忌食蒸鹅。"几天之后，朱元璋便派人给徐达送去了一盒御赐膳食。徐达打开一看，食盒中竟是一只大大的蒸鹅。他知道朱元璋这是想要自己的命，想不到这一天终于到来了，于是二话没说，当着太监的面，把整个蒸鹅全吃了。君叫臣死，臣不得不死。不久，徐达伤口发炎，病重身亡了。

功臣中死得最为惨烈的就要属傅友德了。傅友德早年投奔朱元璋，因其打仗勇猛，深谙兵法，立了不少大战功，也是第一代封公晋爵之人。在除掉了徐达之后，身边的功臣已经所剩无几了，朱元璋的目光这回投向了傅友德。

傅友德有二子，个个英武精明，于是朱元璋就决定先拿他们开刀。洪武二十七年（1494年）十一月二十九日，朱元璋在一次宴会中，指责傅友德的儿子，执行守卫任务时没有按照规定佩带剑囊，于是便生气地说傅友德儿子傲慢无礼，于是叫傅友德把两个儿子叫来问罪。傅友德无奈之下，只得战战兢兢地离开座席，准备去叫家中的二子，可当他走到大殿门口时，卫士们又传旨："请傅大人带二子的首级来见圣上。"

当傅友德提着二子的人头回到酒席间时，朱元璋笑着问道："你现在是不是很恨我？"谁的人心不是肉长的，傅友德再也控制不住自己，对着朱元璋大喊道："你不就是要我父子的人头吗？我这样做，不正遂了你的心愿了吗！"说罢拔剑自刎而死。

在朱元璋眼里，最重要的就是权力和利益，谁要是损害或威胁到他的权力和利益，他就会把这些人视为敌人，无论他们是功臣还是亲属。

朱元璋的外甥李文忠，自母亲去世后，就投奔了朱元璋。想当初，年幼的李文忠见朱元璋身着华丽的衣服时，还拉着他的衣襟玩耍，朱元璋看着这苦命的孩子，还曾哽咽地说道："外甥见舅如见娘啊！"

李文忠在军中英勇而多谋，颇有大将风度，为朱元璋立下了赫赫战功。洪武三年（1370年），大封功臣，李文忠被封为曹国公，是开国六公爵之一，同时出任大都督府左都督。

按说这本是好事，可是由于朱元璋的儿子们都能力平平，没有一个能赶上这个外甥的，这常常使他感到忧心忡忡。后来，因为朱元璋知道了李文忠曾隐瞒过一段欲投降张士诚的历史，对他也起了斩杀之心。真是事事难预料，在李文忠孤幼平凡时，朱元璋扶持他，照顾他，在他飞黄腾达之后，又开始猜疑他，排挤他。

一次，李文忠向朱元璋进谏，有些言语冒犯了朱元璋。于是，朱元璋把他的全家和幕僚全给捉去杀了。洪武十六年（1383年）十二月，李文忠身患大病。到了第二年初，朱元璋去他家里看望他，李文忠想要向朱元璋坦白那段受降的历史，却被朱元璋制止住了。谁知三天后，这位战功累累的大将便撒手人寰了。消息一传出，举国震惊，原因就是谁也不知道他为什么会猝死。正在大家猜测之际，给李文忠看病的医生及其家属一百余口又统统被朱元璋处死了。

最后，朱元璋小时候放牛的伙伴周德兴也被赐死了。随着功臣冯胜、傅友德、廖永忠、朱亮祖等先后被害。朱元璋这种兔死狗烹、鸟尽弓藏的做法，搞得人人自危。在当时甚至出现了这样一种尴尬情形，京官每天早朝之前，先与妻儿诀别，交代后事，傍晚时如能安全归来，便是合家庆幸，庆幸自己又多活了一天。

为了控制和确保皇权掌握在自己的子孙手中，使朱氏的江山不变颜色，在洪武二十五年（1392年）太子朱标病死后，朱元璋立长孙朱允炆为皇太孙，为了保护小皇孙，朱元璋控制皇权的心理显得更加迫切了。他不但先后对李善长、刘基这些文武大臣动手，就是对自己的嫔妃们也不放心。

洪武三十年（1397年），由于长期的劳累，积劳成疾，朱元璋于这一年十二月一病不起了，他看到自己的身体状况越来越差，现在唯一担心的就是汉朝刘邦死后吕后专权的一幕在自己的后宫里上演。他尤其担心的是后宫里那个非常精明，且做事颇有心计的李淑妃，必须把她除掉才能保他朱家的江山社稷。于是，在拿定主意后，朱元璋便在宫殿里摆了一桌宴席，还派人把李淑妃的两个哥哥找来，当李淑妃来到时，朱元璋拉着她的手说道："你跟随我有十二年了，这些年来也吃不了少苦，你与你的哥哥也很长时间没有见面了，现在你的两个哥哥来了，你快去和他们见见面吧，也算尽骨肉之情。"

李淑妃果然聪明异常,一听便知道自己的死期到了,对朱元璋跪拜后,说道:"陛下的意思,我明白了,死就死吧,还叫我见什么兄长,徒增伤心。"回到宫里后,李淑妃就上吊自杀了。李淑妃是皇长孙的亲祖母,太子朱标的亲生母亲,曾经是朱元璋最宠爱的人之一。对于这样的人,朱元璋都能下此毒手,就更别说那些外姓大臣了。

朱元璋借助这些手段,基本上已经把对皇权构成威胁的人全部清除了,这当中有自己的旧部,也有一些在夺取了江南之后来投的江南文人,当然也包括自己身边的一些嫔妃。尽管如此,朱元璋还是对权力的集中强化控制感到不放心。为此,洪武三十一年(1398年),朱元璋再次下令,命:凡是自己的嫔妃一律要为自己殉葬,只留下张美人抚养4岁的小公主。

朱元璋的这种举动无疑揭示了封建专制集权制度草菅人命的本质,一个个功臣在一场权力斗争中最终成为君权为重的牺牲品。尽管朱元璋一心想为自己的后人留下一个比较容易控制的局面,为他所钦定的接班人递交一个容易拿起来的"荆棘"时,他却犯了一个致命的错误,那就是:在消灭和抑制一个集团的同时,又造就了另外一个集团——藩王,并且这个集团比起他所诛杀的集团来讲,更有分散皇权的危险。

朱元璋为了使江山永固,恢复了周代的分封制度,将自己的儿子分封到全国各地,并且统领军队,以北方的九个边塞藩王统兵最多,朱棣即为其一。朱元璋晚年时,诸王的兵权也越来越大,尤以燕王朱棣、宁王朱权为最。皇太孙朱允炆曾经忧虑,一旦祖父驾崩,自己如何来制约这些手握重兵的叔叔。明太祖死后只有四年,朱允炆政权就被四叔朱棣推翻,而且朱棣一上台,就消除了藩王的兵权,藩王们"一旦盗起，无力御侮，徒手就戮"。这是朱元璋分封之初所未能料到的。

朱元璋戎马倥偬半生，从贫穷和苦难中投身军营，通过军功建立起自己的国家。朱元璋力敌南方起义军在先，灭元朝于后，力挽狂澜于乱世，体现了他强大的军事指挥能力。他在遗嘱中说："朕膺天命三十有一年，忧危积心，日勤不怠，务有益于民。奈起自寒微，无古人之博知，好善恶恶，不及远矣。""忧危积心，日勤不怠"8个字写出了他辛勤的一生，也写出了他在统治阶级内部激烈斗争中的心境。

朱元璋诛杀功臣、提防嫔妃等措施并未能起到长治久安的目的，他分封在各地的藩王为皇位的传承埋下了隐患。洪武三十一年（1398年）朱元璋病逝，朱标之子朱允炆继皇帝位，称建文皇帝。

建文四年（1401年）六月，燕王朱棣进入京城，即皇帝位，史称明成祖，年号永乐。